长江经济带
重大战略研究丛书

长江经济带
城市群战略研究

秦尊文 等◎著

上海人民出版社

总 序

习近平总书记在党的十九大报告中明确指出："以共抓大保护，不搞大开发为导向推动长江经济带发展。"这是在新的历史起点上推动长江经济带发展的总要求和根本遵循。

依托黄金水道推动长江经济带发展，打造中国经济新支撑带，是党中央、国务院审时度势，谋划中国经济新棋局作出的既利当前又惠长远的重大战略决策。长江经济带战略的实施，有利于保护长江生态环境，引领全国生态文明建设；有利于挖掘中上游广阔腹地蕴含的巨大内需潜力，促进经济增长空间从沿海向沿江内陆拓展；有利于优化沿江产业结构和城镇化布局，推动我国经济提质增效升级；有利于形成上中下游优势互补、协作互动格局，缩小东中西部地区发展差距；有利于建设陆海双向对外开放新走廊，培育国际经济合作竞争新优势。

2013 年 7 月，习近平总书记在武汉考察时指出，"长江流域要加强合作，发挥内河航运作用，把全流域打造成黄金水道"。2014 年 3 月，李克强总理首次在《政府工作报告》中明确提出"依托黄金水道，建设长江经济带"。2014 年 9 月，国务院正式印发《关于依托黄金水道推动长江经济带发展的指导意见》及《长江经济带综合立体交通走廊规划（2014—2020 年）》。2014 年 11 月，中央经济工作会议把长江经济带建设与“一带一路”倡议、京津冀协同发展并列为当前重点推进的三大战略。

2016 年 1 月，习近平总书记在重庆召开了推动长江经济带发展座谈会，提出“推动长江经济带发展必须从中华民族长远利益考虑，走生态优先、绿色发展之路，使绿水青山产生巨大生态效益、经济效益、社会效益，使母亲河永葆生机活力”，“要把修复长江生态环境摆在压倒性位置，共抓大保护，不搞大开发”。2016 年 9 月正式出台的《长江经济带发展规划纲要》，按照“生态优先、绿色发展”的总基调，把保护和修复长江生态环境摆在首要位置，在保护生态的条件下推进发展，实现经济发展与资源环境相适应。《规划纲要》确立了长江经济带发展的四大战略愿景，即生态文明建设的先行示范带、引领全国转型发展的创新驱动带、具有全球影响力的内河经济带、东中西互动合作的协调发展带；提出了七大战略重点任务，即提升长江黄金水道功能、加快构建综合立体交通走廊、创新驱动产业转型升级、积极推进新型城镇化、努力构建全方位开放新格局、建设绿色生态廊道、创新区域协调发展体制机制。

“长江经济带重大战略研究丛书”，是基于“长江经济带重大战略研究”重大项目的研究成果。该项目为 2015 年度马克思主义理论研究和建设工程重大项目，同时被列为国家社科基金重大项目（2015MZD041），由上海市委常委、市委宣传部部长董云虎担任组长，上海市委宣传部副部长燕爽、上海社会科学院副院长王振担任副组长。在中宣部理论局和上海市委宣传部的指导下，课题组秉持多方合作、观点碰撞的研究原则，在上海社会科学院、南通大学、湖北省社会科学院、重庆社会科学院、四川省社会科学院五家机构的支持下，组成联合课题组，围绕长江经济带重大战略问题，开展深度调研和系统研究。这也是长江经济带战略提出以来，沿江智库机构首次以重大课题为纽带，开展跨区域合作研究的模式创新，增进了长江经济带上、中、下游之间的信息交流与合作对话，并就各项重大战略的更好实施提出更具针对性、可操作性的建言。

课题组立足中长期发展，坚持问题导向和对策导向，设立了“长江经济带绿色生态廊道战略研究”（组长：盛毅、刘世庆）、“长江经济带创新驱动发展的协同战略研究”（组长：王振）、“长江经济带立体交通走廊战略研究”（组长：张波）、“长江经济带世界级产业集群战略研究”（组长：成长春）、“长江经济带城市群战略研究”（组长：秦尊文）、“自由贸易试验区与长江经济带开放战略研究”（组长：沈玉良）、“长江黄金水道功能提升与航运现代化战略研究”（组长：王晓娟）和“‘一带一路’与长江经济带战略互动研究”（组长：张兆安）等八个子课题。设立上述子课题的主要依据，一是充分体现国家重大战略部署在长江经济带的贯彻落实，如生态优先战略、创新驱动发展战略、与“一带一路”对接战略；二是充分体现区域间互联互通的协同发展宗旨，如立体交通走廊战略、黄金水道功能提升战略；三是充分体现国家提出的长江经济带战略定位和框架体系；四是充分体现长江经济带中长期发展的动力选择，如创新驱动、开放引领等。

在上海、江苏、湖北、重庆、四川五地省委（市委）宣传部的支持下，课题组在各地召开了一系列专题研讨会和调研会，共同举办了五次研究交流会，在南通共同举办了两次“长江经济带发展论坛”，编发了24期研究专报，并适时在《人民日报》、《光明日报》、《解放日报》、新华网等重要媒体发布了一系列阶段性研究成果。

整个课题研究从2015年11月底正式启动，于2017年3月底全面完成。课题报告由一份总报告和八份子报告组成，总字数达到150万左右。为了扩大研究成果的社会影响，我们选择将八个子课题报告集辑出版。下面对八本专著作简要介绍：

《长江经济带绿色生态廊道战略研究》紧紧围绕习近平总书记提出的“共抓大保护，不搞大开发”的精神，提出了长江经济带绿色廊道要谋划“三四四”战略布局，即坚持“生态绿色、集约协调、可持续发展”三大原则；协调“发展与保护、政府与市场、河道与河岸、上游与下游”四大关系；实施“绿源、绿江、绿岸、绿洲”四位一体战略，即建设长江上游生态屏障的绿源战略、建设长江经济带绿色江流的绿江战略、建设长江经济带绿色两岸的绿岸战略和建设长江经济带绿色三角洲的绿洲战略。在此基础上进一步提出要全面加强流域与政区协同管理，促进政府、市场、公众共同治理，禁止、修复、提升多层推进，打造长江经济带绿色生态廊道，建设我国生态文明先行示范带。该著作共分七个部分。总体战略：长江绿色生态廊道建设总体战略与实现路径；绿源战略：建设长江上游生态屏障；绿江战略：建设长江经济带绿色江流；绿岸战略：建设长江经济带绿色两岸；绿洲战略：建设长江经济带绿色三角洲；流域绿色生态廊道建设的国际经验与借鉴和长江经济带绿色发展政策。参加该著作撰写工作的有：刘世庆、巨栋、邵平桢、李晟之、郭时君、齐天乐、沈茂英、胡洹、唐佳路。

《长江经济带创新驱动发展的协同战略研究》提出，在创新驱动发展的国家战略大框架中，长江经济带肩负着双重使命：一是协同推动更多的地区从投资驱动向创新驱动转型，提升整个流域的创新驱动力，有力支撑国家的创新发展和动能转换；二是协同推动更多的地区开放创新，接轨国际，打造具有全球影响力的区域创新大集群，有力支撑国家的全球竞争实力和引领力。为此，要围绕区域分工和合作的产业布局，有力推进创新资源的协同配置，共同打造世界级产业集群；要把握长江经济带多层次特征，积极构建分层协同的区域创新体系，共同建设具有全球影响力的科技创新带；要加大改革创新力度，着力构建分层多元的区域协同机制，有力释放各区域间的协同创新效应。该著作共分八个部分：长江经济带创新驱动发展的特征与协同创新战略框架；长江经济带50城市创新驱动力基本评价；长江经济带科技研发创新的协同战略研究；长江经济带创新驱动产业转型升级的协同战略研究；长江经济带金融促进产业创新发展的协同战略研究；长江经济带人才驱动创新发展的协同战略研究；长江经济带国家制造业创新中心建设研究；加快长三角核心区率先创新转型研究。参加该著作撰写工作的有：王振、陆军荣、刘亮、蒋瑗瑗、李娜、黄亮、李妍。

《长江经济带城市群战略研究》围绕新型城镇化战略和国家推出的三个城市群规划，提出要打造长江经济带城市群连绵带。在长江流域出现的众多城市群发展水平不一，空间尺度相差较大，有些存在包含关系、交叉关系，并且处在动态演变过程中。作者认为随着相邻都市圈核心城市规模的扩大和城际之间交通条件的改善，其辐射区域不断接近并有部分重合，都市圈之间经济联系越来越密切，相互影响越来越大，最后逐渐形成一体化趋势，形成了一个更大的城市群或城市群连绵带。作者提出当前长江中游城市群与长江三角洲城市群已连成一片，“长江中下游大城市群”事实上已经存在；在长江中游城市群与上游的成渝城市群之间目前还是“断链”，国家还没有规划城市群连接。三峡城市群一旦形成，长江上、中、下游就形成一条城市群连绵带。该著作共分七个部分：导论；国外大城市群的成功经验及启示；长江下游地区城市群的发展战略；长江中游地区城市群的发展战略；长江上游地区城市群的发展战略；长江经济带城市群联动发展战略；长江经济带城市群的战略前景。参加该著作撰写工作的有：秦尊文、路洪卫、胡敏捷和汤鹏飞等。

《长江经济带世界级产业集群发展战略研究》分析了长江经济带世界级产业集群形成与发展的区域经济基础，制定了长江经济带世界级产业集群的筛选原则和遴选方案，遴选出电子信息产业集群、高端装备产业集群、汽车产业集群、家电产业集群、纺织服装产业集群、绿色能源产业集群、港航物流产业集群、信息服务产业集群、旅游休闲产业集群，以及现代农业与特色农业产业集群十大产业集群，作为长江经济带世界级产业集群培育和发展的主要对象。作者提出长江经济带世界级产业集群战略的远期目标为十大世界级产业集群竞争实力进一步增强，创新型现代产业体系全面建立；上中下游一体化发展格局全面实现，形成集聚度高、国际竞争力强的现代产业走廊；全面融入世界经济，占领世界产业、技术、市场制高点，成为引领世界潮流的流域经济支撑带。该著作共分七个部分：产业集群和世界级产业集群；产业集群理论文献综述；长江经济带产业集群发展的区域经济基础及筛选研究；长江经济带世界级产业集群发展现状；长江经济带世界级产业集群综合竞争力评价；国外世界级产业集群发展和启示；长江经济带世界级产业集群发展面临的问题与对策研究。参加该著作撰写工作的有：成长春、徐长乐、冯俊、周威平、杨凤华、秦月、王曼、陈长江、尚路平、刘慧、刘宁波、姜莫愁、林巧燕、张蕴恒、吴梦、孟越男。

《自贸试验区建设与长江经济带开放型经济战略研究》提出应该通过自贸试验区建设，提升长江经济带整体开放水平，根据长江经济带不同区域的开放水平，提出不同的自贸试验区制度创新思路。长江经济带 5 个自贸试验区参与经济全球化的程度存在着明显的差异，上海自贸试验区和浙江自贸试验区所处区域已经高度融入经济全球化，但湖北自贸试验区、重庆自贸试验区和四川自贸试验区参与经济全球化的区域十分有限。上海自贸区应做好可复制可推广经验总结推广，更好地发挥示范引领、服务全国的积极作用。而其他四个自贸试验区需要通过开放区域实现产业升级，进一步融入到全球经济一体化之中。推动 5 个自贸试验区协同发展机制的平台就是大宗产品全球资源配置能力的提升和形成长江经济带科技创新的分工体系，培育引领全球的全球供应链体系和世界级长江经济带产业集群。该著作共分七个部分：导论；经济全球化：长江经济带在全球价值链的位置；长江经济带开放型经济对我国经济增长的贡献；上海自贸试验区建设与长江经济带开放型经济的提升；上海自贸试验区推动长江经济带开放型经济提升思路；长江经济带开放型经济建设中自贸试验区联动机制；长江经济带开放型经济一体化的制度安排。参加该著作撰写工作的有：沈玉良、彭羽、徐美娜、李墨丝、陈希、陈陶然、薛安伟、高磊、郑维勇。

《长江经济带与“一带一路”互动研究》指出长江经济带和“一带一路”之间是对内改革与对外开放的关系，对内改革与对外开放之间需要有一个平衡点，确保改革开放的顺利推进，因此长江经济带战略与“一带一路”之间也必有一个平衡点，确保两者的顺利推进。长江经济带战略是关键，是问题所在，“一带一路”要带动长江经济带发展；同时“一带一路”是大格局，是寻求全球合作、应对美国的“重返亚洲”战略的举措，需要国内改革的支撑，需要长江经济带战略的支撑。根据两者的定位、空间与发展现状，提出了目标契合、空间布局契合、产业发展契合、信息交流契合和文化交流契合的互动关系。该著作共分十一个部分：长江经济带的历史渊源；长江经济带的发展要素；长江经济带的战略目标；长江经济带的发展瓶颈；“一带一路”的历史渊源；“一带一路”的发展要素；“一带一路”倡议的目标；“一带一路”倡议的国际挑战；长江经济带战略与“一带一路”倡议的关系；长江经济带与“一带一路”互动的契合；长江经济带与“一带一路”互动的对策措施。参加该著作撰写工作的有：张兆安、陈国政、张申、刘玉博、曾翔、沈继红、周婷、张晓娣、邸俊鹏。

《长江经济带立体交通走廊战略研究》提出长江经济带的战略发展定位对区域内部的交通基础设施和服务能力提出更高的要求，必须构建立体综合交通走廊才能高效承载国际化、大区域、大流域的产业、资源和人口的交流；长江经济带立体综合交通走廊的形成不仅需要内部形成高度发达的运输通道，还需要与经济带关联的外部区域实现高效互联互通。对内需要正视以长江经济带为枢纽的通道短板，破除辐射内陆、承载区域经济中心的互联互通障碍，对外需要紧密结合“丝绸之路经济带”和“21 世纪海上丝绸之路”，国际运输通道与长江经济带“黄金水道”无缝连接，实现水陆联运、海陆互动，打造海、陆、空三位一体的立体交通网络和跨境交通运输体系，构建高效便捷的对内和对外运输通道。该著作共分六个部分。战略基础：长江经济带立体交通走廊建设现状分析；战略需求：长江经济带交通需求预测；战略思路：长江经济带立体交通走廊建设的目标与任务；战略提升：长江经济带与国家综合运输大通道互联互通研究；战略巩固：长江经济带综合交通枢纽研究；战略路径：长江经济带立体交通走廊战略的实现路径。参加该著作撰写工作的有：张波、马晓燕、吴安、江薇薇、吕红、雷洋、陈泽、梁喜。

《长江黄金水道功能提升与航运现代化战略研究》提出当前长江黄金水道的航运潜力还远远没有发挥出来，还存在航运技术体系不能适应黄金水道战略要求、中游“荆江梗阻”、三峡枢纽过坝能力不足、西部高山峡谷河流高坝通航以及集疏运体系建设滞后等问题。作者根据航运现代化的国际经验和评价标准，从五个方面落实和解构长江黄金水道航运现代化发展的路径，包括航道现代化建设，全面推进长江干线航道系统化、标准化治理；实现港口现代化，合理港口布局，提升港口辐射带动能力；推进船舶标准现代化，重点推动水水中转船舶研发；发展现代航运服务体系，增强航运核心资源的配置能力和提高集疏运体系现代化，加快航运中心集疏运一体化服务系统建设等。该著作共分九个部分：长江水运发展现状与问题；长江黄金水道建设的战略背景；长江黄金水道功能提升与航运现代化战略的指导思想与目标；航道现代化战略；港口现代化战略；船舶标准现代化战略；航运服务业现代化战略；集疏运体系现代化战略；对策与建议。参加该著作撰写工作的有：王晓娟、张彦等。

此次出版的八个子课题研究报告，是我国长江经济带战略实施以来的第一套系列研究丛书，全面、深度分析了长江经济带发展中的重大战略问题，系统提出了解决这些战略问题的思路对策，不仅对长江经济带九省二市区域发展具有一定的决策参考价值，也对关注长江经济带发展的专家学者具有一定的学术参考价值。

“长江经济带重大战略研究”课题组

2017 年 12 月

|| 目录 ||

第一章　导　论

党的十九大报告强调“以共抓大保护、不搞大开发为导向推动长江经济带发展”，要求“以城市群为主体构建大中小城市和小城镇协调发展的城镇格局”。研究长江经济带城市群的发展，具有十分重要的现实意义。

一、战略背景

（一）长江经济带是中国经济新支撑带

“长江经济带”这一概念最早由湖北省官方正式提出。1988 年 4 月 4 日至 10 日，湖北省委召开常委扩大会议，决定“建立改革开放试验区，逐步形成沿江对外开放经济带”。4 月 20 日省政府发出《关于设立沙市、鄂州、黄冈三个经济改革开放开发区若干政策的通知》。7 月 7 日至 13 日，改革开放试验区和湖北省沿长江部分地市县负责同志座谈会在沙市市[①]召开。省委书记关广富在会上指出：“我们必须集中力量，择优发展，把长江经济带的发展作为湖北省在中部崛起的战略突破口，带动全省的发展。”很显然，这时候的“长江经济带”仅限湖北省

① 1994 年 9 月 29 日，国务院批准沙市与荆州地区合并，成立“荆沙市”；1996 年 11 月 20 日，国务院发文批准将荆沙市更名为“荆州市”。

境内。因此，后来又称“湖北长江经济带”，并率先提出了“湖北长江经济带开放开发战略”。1997 年，湖北省社会科学院发起举办过“湖北长江经济带开放开发研讨会”。2009 年湖北省社会科学院又承担《湖北长江经济带开放开发总体规划》，2010 年以湖北省人民政府文件下发。

党中央、国务院历来十分重视长江流域经济社会发展。早在 1996 年，国家颁布的“九五”计划和 2010 年远景目标纲要中，就明确提出“依托沿江城市，逐步形成一条横贯东西、连接南北的综合经济带”，即通过东西结合、优势互补，使长江上中下游在新的基础上构成一个有机整体，延伸和拓展沿海的对外开放。2006 年 4 月中共中央、国务院出台《关于促进中部地区崛起的若干意见》和 2009 年 9 月国务院审议通过《促进中部地区崛起规划》，均明确提出加快发展“沿长江经济带”，长江流域新一轮开放开发正式上升到国家战略层面。但是，国家层面并未正式提出“长江经济带”，尽管学术界从 20 世纪 90 年代初期就开始将长江干线沿岸地区称为“长江经济带”。

2013 年 9 月 21 日，李克强总理在国家发改委呈报的一份报件上作出批示：“沿海、沿江先行开发，再向内陆地区梯度推进，这是区域经济发展的重要规律。请有关方面抓紧落实，深入调研形成指导意见，依托长江这条横贯东西的黄金水道，带动中上游腹地发展，促进中西部地区有序承接沿海产业转移，打造中国经济新的支撑带。”9 月 23 日，国家发改委会同交通运输部在京召开关于《依托长江建设中国经济新支撑带指导意见》研究起草工作动员会，涉及范围是云南、四川、重庆、湖北、湖南、江西、安徽、江苏、上海。这是当时官方对范围公开的划定。需要说明的是，国家发改委会同交通运输部起草的这份文件，其名称正式在后来上报国务院时改为《关于依托黄金水道推动长江经济带发展的指导意见》。

2014 年 3 月 5 日，李克强总理在《政府工作报告》中指出：“要谋划区域发展新棋局，由东向西、由沿海向内地，沿大江大河和陆路交通干线，推进梯度发展。依托黄金水道，建设长江经济带。”这使“依托长江建设中国经济新支撑带”用了更简洁的表述——“长江经济带”。2014 年 4 月 25 日，中共中央政治局召开会议，提出“推动京津冀协同发展和长江经济带发展”。同月 28 日，李克强总理在重庆主持召开 11 省市座谈会，研究依托黄金水道建设长江经济带，为中国经济持续发展提供重要支撑。

根据 2014 年 9 月《国务院关于依托黄金水道推动长江经济带发展的指导意见》，长江经济带覆盖上海、江苏、浙江、安徽、江西、湖北、湖南、重庆、四川、云南、贵州等 11 省市，面积 205 万平方公里，占全国面积的 21.39%。2014 年末，总人口 5.84 亿人。长江经济带以大约全国五分之一的面积承载着全国近二分之一的人口，是我国人口分布较为密集的区域。

长江经济带是国土开发从沿海向沿江内陆拓展、东中西互动合作的一级轴线。长江三角洲位于中国东部黄金海岸线的中部，长江黄金水道呈东西向伸展。以上海为交点的沿海城市带与沿江城市带，成为中国的两大主要城市带。沿海沿江的结合使得长江流域的经济开发有着极大的优势。在这里沿江港口的发展则是沿海与沿江经济发展结合的关键。长江还是中国经济发展的中轴线，经济腹地宽广，大江南北具有广阔的辐射发展空间，是 21 世纪中国经济发展的巨大推动力。①

2012 年 12 月 28 日，时任副总理的李克强在江西省九江市主持召开长江沿线部分省份及城市负责人参加的区域发展与改革座谈会上指出："保持我国经济持续健康发展，出路在转方式调结构，而最大的结构调整就是扩大内需。内需潜力东部有，中西部回旋余地和发展空间更大，沿江地带是重要的战略支点。先沿海兴旺起来、再沿江加快发展，梯度推进，这符合经济发展规律。"在党中央、国务院的高度重视下，在沿江各省市的共同努力下，长江经济带必将成为我国现代化进程的火车头和最具国际竞争力的经济新支撑带。

（二）城市群是中国和长江流域城镇化的主体形态

早在 2006 年 3 月，《中华人民共和国国民经济和社会发展第十一个五年规划纲要》就提出"要把城市群作为推进城镇化的主体形态"。2010 年 12 月，国务院发布的《全国主体功能区规划》，再次强调"要把城市群作为推进城镇化的主

① 曹智杰、陈永宁:《推进长江经济带一体化建设的发展战略及对策研究》,《宏观经济研究》2000 年第 3 期。

体形态”。2014 年 3 月，国务院发布《国家新型城镇化规划（2014—2020 年）》，重申“以城市群为主体形态，推动大中小城市和小城镇协调发展”。2016 年 3 月发布《中华人民共和国国民经济和社会发展第十三个五年规划纲要》，明确要求“坚持以人的城镇化为核心、以城市群为主体形态、以城市综合承载能力为支撑、以体制机制创新为保障，加快新型城镇化步伐”。李克强总理强调着力解决“三个 1 亿人”问题，特别是要引导约 1 亿人口在中西部地区就近城镇化。

2010 年 12 月，国务院印发《全国主体功能区规划》。其城镇化战略布局为“两横三纵”（见图 1.1），亚欧大陆桥通道（中国部分，东起连云港、西至阿拉山口）、沿长江通道为两条横轴，以沿海、京哈京广、包昆通道为三条纵轴。在“两横三纵”轴线上，以国家优化开发和重点开发的城市化地区为主要支撑，以轴线上其他城市化地区为重要组成的城市化战略格局。推进环渤海、长江三角

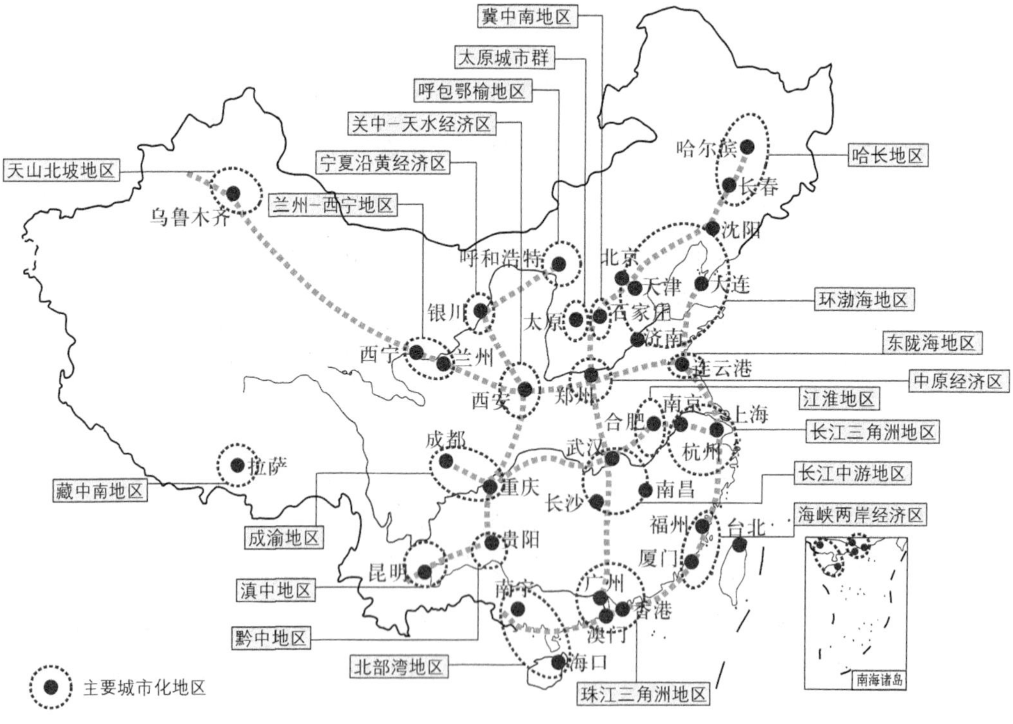

图 1.1　全国“两横三纵”城市化战略格局图

来源：《全国主体功能区规划》。

洲、珠江三角洲地区的优化开发，形成3个特大城市群；推进哈长、江淮、海峡西岸、中原、长江中游、北部湾、成渝、关中—天水等地区的重点开发，形成若干新的大城市群和区域性的城市群。沿长江通道作为其中一“横”，实际上与后来2014年国务院提的“长江经济带”意义十分接近。

同样，城市群也是长江流域推进新型城镇化的主体形态，已经成为长江经济带适应与参与全球竞争和塑造国际城市体系地位的支撑平台。在长江流域，有我国最早自发形成的以上海为中心的长三角城市群，在1976年初就被“城市群研究之父”——法国地理学家让·戈特曼（Jean Gottmann）列为世界六大城市群之一，排在以纽约为中心的美国东北部大西洋沿岸城市群、北美五大湖城市群、日本太平洋沿岸城市群、英国中南部城市群、欧洲西北部城市群之后，因此后来也被称为“世界第六大城市群”。但那时中国“文化大革命”尚未结束，根本没有“城市群”的意识。在长江流域，有我国最早由官方推动建设的第一个城市群——湖南省1984年开始建设的长株潭城市群，当时被称为“长株潭经济区”。这是一个小型城市群，由长沙、株洲、湘潭三市组成。

进入21世纪之后，在长江流域出现了众多城市群：苏锡常都市圈、南京都市圈、武汉城市圈、成渝城市群、昌九景城市圈、皖江城市带、杭州都市圈、宁波都市圈、长江中游城市群、黔中城市群、滇中城市群、成都平原城市群、川南城市群……这些城市群发展水平不一，空间尺度相差较大，有些存在包含关系、交叉关系，并且处在动态演变过程中。如长株潭城市群后来加上周边另外五个城市，演变为“环长株潭城市群”；昌九景城市圈经过扩容之后成为“鄱阳湖城市群”，进一步扩容后又称为“环鄱阳湖城市群”；武汉城市圈扩容之后，再加上“环长株潭城市群”和“环鄱阳湖城市群”，又成为一个更大的“长江中游城市群”，出现“群中套圈（群）”的情形。有的城市群虽然名称一直没变但规模呈扩大之势，如以上海为中心的城市群被称为“长三角城市群”，起初成员为16个，后增加台州，不久又增加6个城市达到23个，2014年9月将皖江城市带整体纳入后达到26个城市。

目前我国从长江口至上游已形成三大城市群：以上海为中心的长三角城市群，以武汉为中心的长江中游城市群，以成都、重庆为中心的长江上游的成渝城市群。这三大城市群组成了中国最密集的沿江城市带和高新技术产业带，从而使长江流域成为中国经济率先发展的地区之一。综合来看，长江经济带现有三大跨区域城市群、30余个区域性城市群。其中有些区域性城市群是跨省市的，如地跨苏皖的南京都市圈。

表 1.1　长江经济带的城市群分布

地　区		区域性城市群	跨区域城市群
长江下游	上海市	上海都市圈	长三角城市群
	江苏省	南京都市圈、苏锡常（通）都市圈、徐州都市圈	
	浙江省	杭州都市圈、宁波都市圈、温州都市圈、浙中城市群	
	安徽省	皖江城市带、沿淮城市群、合肥都市圈	
长江中游	湖北省	武汉城市圈、宜荆荆城市群、襄十随城市群	长江中游城市群
	湖南省	（环）长株潭城市群、岳阳城市圈、常德城市圈、衡阳城市圈	
	江西省	（环）鄱阳湖城市群、新宜萍城镇群、信江河谷城镇群、赣南城市群	
长江上游	重庆市	重庆都市圈、渝东北城镇群、渝东南城镇群	成渝城市群
	四川省	成都平原城市群、川南城市群、川东北城市群、攀西城市群	
	贵州省	黔中城市群	
	云南省	滇中城市群	

上述城市群构成了长江经济带城镇化的基本格局。2014年9月国务院《关于依托黄金水道推动长江经济带发展的指导意见》明确指出："以沿江综合运输大通道为轴线，以长江三角洲、长江中游和成渝三大跨区域城市群为主体，以黔中和滇中两大区域性城市群为补充，以沿江大中小城市和小城镇为依托，促进城市群之间、城市群内部的分工协作，强化基础设施建设和联通，优化空间布局，推动产城融合，引导人口集聚，形成集约高效、绿色低碳的新型城镇化发展格局。"

（三）长江经济带城市群发展已上升为国家战略

依托于全球最长的长江内河航道，以长三角世界级城市群为龙头的长江经济带表现出强劲的发展势头。2014 年，长江经济带城市群集中了全国 30% 的总人口和 37% 的城镇人口，其城镇化水平达 56.65%，分别比长江经济带和全国高 2.4 个百分点和 1.9 个百分点，其中长三角城市群的城市化水平达 71.42%，高出全国水平 6.7 个百分点。城镇化水平较低的滇中城市群（52.48%）和黔中城市群（49.13%）分别比所在的云南省（41.73%）和贵州省（40.01%）高 10.75 和 9.12 个百分点。作为长江经济带和所在地区的新型城镇化先行区，这些城市群分别在东、中、西三大区域成为实施长江经济带发展和新型城镇化战略的主体。长江经济带三大跨区域性城市群先后被国务院批复规划，标志着长江经济带的城市群发展已上升到国家战略。

2015 年 3 月 26 日，国务院以国函〔2015〕62 号文，向江西、湖北、湖南省人民政府和国家发展改革委批复《长江中游城市群发展规划》。这是《国家新型城镇化规划》颁布以后第一个由国务院批准的规划，也是国家一级城市群第一个获得批复规划。

2016 年 4 月 12 日，国务院以国函〔2016〕68 号文，向重庆市、四川省人民政府和国家发展改革委、住房和城乡建设部批复同意《成渝城市群发展规划》。这是长江流域三大城市群中，第二个获得国务院批复规划的城市群。

2016 年 5 月 22 日，国务院以国函〔2016〕87 号文，向上海市、江苏省、浙江省、安徽省人民政府和国家发展改革委、住房和城乡建设部批复同意《长江三角洲城市群发展规划》。

2015 年，长江经济带九省二市 GDP 总量占全国的 45.1%。长江经济带上的长三角城市群、长江中游城市群、成渝城市群三大跨区域性城市群发展迅速，特别是城市群的中心城市在全国占有重要位置。在 2015 年度中国城市 GDP 排名中，三大跨区域性城市群的城市在前十位就占据了 6 席：上海、重庆、苏州、武汉、成都、杭州分别位居第 1、第 6、第 7、第 8、第 9 和第 10。另外，长三角城市群的南京、无锡、宁波和长江中游城市群的长沙也在榜单的前 20 位中。

二、相关研究综述

（一）对长江经济带城市群的整体研究

国内研究城市群的文献很多，也有长江流域某一区域（如长三角地区）的城市群研究成果，但从长江流域整体上研究城市群的则较少，特别是在 2014 年 9 月国务院出台《关于依托黄金水道推动长江经济带发展的指导意见》之前。

1998 年重庆大学张鹏、贺荣伟发表《长江经济带城市群建设与流域经济发展研究》，系统分析了长江经济带城市群分布状况，将长江经济带城市群分为：（1）以上海为中心的长江入海口城市群，这其中还包括苏锡常城镇群、通盐城镇群等二级城市群。（2）以南京为中心的长江下游城市群，中心城市为南京，包括 7 个地级和地级以上市（南京、镇江、扬州、马鞍山、芜湖、铜陵、安庆）以及 10 多个县级市和县（靖江、泰兴、扬中、江都、仪征、江浦、丹阳、丹徒、江宁、当涂、繁昌、无为、贵池、枞阳、望江等），由镇扬城镇群、芜湖城镇群和安庆城镇群 3 个二级城镇群组成。（3）以武汉为中心的长江中游城市群，包括 6 个地级和地级以上市（武汉、九江、黄石、鄂州、岳阳、荆沙）以及 10 多个县市（彭泽、湖口、广济、黄冈、嘉鱼、洪湖、监利、石首、公安、江陵等）。其二级城镇群有：荆沙城镇群，黄石、九江城镇群，岳阳城镇群。（4）以重庆为中心的城市群，包括二级城镇群有万县城镇群、涪陵城镇群、合川城镇群和永川城镇群。（5）以宜昌为中心的城市群。其中包括 2 个二级城镇群，即：以宜昌为中心的城镇群、以恩施为中心的城镇群。（6）以攀枝花为中心的城市群。其中包括 3 个城镇群，即：以攀枝花为中心的城镇群、以六盘水为中心的城镇群和以宜宾为中心的城镇群。①

2004 年武汉大学伍新木、杨莹发表文章认为，建设长江经济带城市圈是长江经济带发展的新契机，是在沿江合理配置资源的新构想：长江经济带应该通过

① 张鹏、贺荣伟：《长江经济带城市群建设与流域经济发展研究》，《重庆大学学报》（社会科学版）1998 年第 4 期。

上海、南京、重庆、成都、武汉等特大城市综合功能的强化，逐步形成长三角城市圈、大武汉城市圈、成渝城市圈。应该首先通过特大城市产业结构的战略性调整，使之产业结构高度化，使之成为高新技术产业基地，不仅为广大市县让出工业化的空间，同时也支撑沿江各省传统工业的改造，以利促进长江经济带整个工业化的进程。①

2009年，重庆社会科学院彭劲松撰文认为：伴随着地区工业化、经济现代化和区域基础设施的完善，一些大城市迅速崛起，城市空间急剧扩张，城乡日益交融，显现出连绵成片、跨界发展的都市圈。长江经济带是我国一级流域经济带，城市化和工业化进程的加速刺激了大都市圈不断发展而成为长江经济带的重要增长极，有力地促进了长江经济带上中下游和我国东中西部地区的协调发展。进一步促进长江经济带大都市圈协调发展还需要注意提升首位城市能级，增强都市圈城市集聚力；调整产业结构，进一步提升产业竞争力和推进体制机制创新；提高区域统筹能力。②

2013年4月湖北省社会科学院研究员秦尊文受中国科协的委托，承担了“将沿江城市群打造成新的经济增长极的问题研究”课题。该课题实际上是研究将长江流域的城市群打造成中国经济新增长带，与同年9月李克强总理批示的依托长江打造“中国经济新支撑带”概念非常接近。当时国家层面还没有明确提出“长江经济带”（只是学者和湖北地方在提），也没有提“沿江城市群”。而使用“沿江城市群”一词的主要是安徽省、江苏省。安徽省政府1995年开始部署建设“沿江城市群”（即后来的皖江城市带）；江苏省政府2003年部署“沿江开发”，2012年制定《江苏省沿江城市群城际轨道交通网规划》并获国家批准。湖北在2009年开始实施长江经济带新一轮开放开发，在奋斗目标中提出要建设“湖北沿江城镇连绵带”——与“沿江城市群”意义相同。2012年以来，湖北、湖南、江西正在全力打造“长江中游城市群”。在国家推出的长江经济带上，下

① 伍新木、杨莹：《建设城市圈实现长江经济带跨越式发展》，《长江建设》2004年第1期。

② 彭劲松：《长江经济带大都市圈发展格局与竞争力分析》，《重庆工商大学学报》（西部论坛）2009年第1期。

有长江三角洲城市群（含江苏沿江城市群），上有成渝城市群，中有长江中游城市群，客观上已经初步形成横跨东中西部三大地带的“沿江城市群”，但尚未形成共识。① 课题于 2014 年 10 月结项。2013 年和 2014 年课题有多项中期成果报中国科协。2014 年 1 月秦尊文在《支点》第一期发表《建设“长江城市群连绵带”正当其时》，同年 9 月 8 日在《瞭望》第三十六期发表《三大城市群串联长江经济带》，都明确提出以城市群串联长江经济带。

2015 年高国力等学者在《广东社会科学》第四期发表的《长江经济带重点城市群发展研究》中，详细分析了长江经济带上如长江三角洲城市群、长江中游城市群、成渝城市群、黔中城市群和滇中城市群等一批重点城市群的发展基础，分别明确了各重点城市群的发展定位和功能。② 其中，特别指出长江经济带的发展要注重各城市群中心城市功能提升和城市之间的经济联系，逐步形成长江经济带特色鲜明的城市群分工体系。明确指出在城市群的建设方面，要突出重点领域和任务，既要加强基础设施建设、绿色循环低碳发展等硬件体系建设，也要加强规划引领、创新驱动、先行先试等软件服务的保障。

2015 年，中国科学院地理资源所区域与城市规划研究中心主任方创琳发表《长江经济带城市群建设需有一体化统筹机制》一文，对长江经济带城市群空间格局与可持续发展问题作了总体判断。在空间格局方面，长江经济带城市群包括了一个世界级城市群——长江三角洲城市群；两个国家级城市群，即长江中游城市群和成渝城市群；三个地区性城市群，即江淮城市群、滇中城市群和黔中城市群。这六大城市群通过贯通东西的长江黄金水道、“沪蓉—沿江”综合运输大通道和沪昆通道等横向沿江城镇发展主轴带，形成了“以带串群”的“1+2+3”的长江经济带城市群发展新格局。在长江经济带城市群可持续发展方面，则存在一些问题。主要体现在：沿江城市群空间范围的界定带有强烈的政府主导性，部分城市群脱离了城市群发育的最基本标准；沿江城市群整体发育程度弱于沿海城市群；沿江城市群发育极不平衡，上中下游城市群发育程度差异大，越往上游发育

① 秦尊文：《长江经济带研究与规划》，湖北人民出版社 2015 年版，第 8 页。

② 高国力、李爱民：《长江经济带重点城市群发展研究》，《广东社会科学》2015 年第 4 期。

程度越弱；沿江城市群发育以长江为主动力，过分依赖长江这条大动脉，并呈现出动力多元化的发展态势，文化驱动力薄弱；沿江城市群发展面临的资源与生态环境保障形势严峻；沿江城市群内部各城市之间的竞争大于合作，缺乏一体化的统筹协调机制。①

2015 年，南昌大学王圣云等在《经济地理》第十一期发表《长江经济带城市集群网络结构与空间合作路径》，通过应用社会网络分析方法，对长江经济带城市集群空间网络结构与空间合作路径进行分析发现：（1）长江经济带城市按交通物流竞争力可分为一类中心城市、二类中心城市、节点城市和边缘城市四个层级，上中下游分别形成成渝城市群、滇中、黔中城市群，长江中游城市群和长三角城市群等城市小群体。（2）长江经济带城市交通物流竞争力和城际联系网络空间分布不均衡，呈现“西弱东强”“东密西疏”空间特征。（3）上海市、重庆市与武汉市是长江经济带对外辐射能力最强的三个城市，也是长江下游、上游和中游交通物流竞争力最强的中心城市，起着重要的辐射带动和支撑作用。（4）长江上游与中下游互动合作中，重庆市和成都市起着关键的桥梁媒介作用。长江中游与下游互动合作以“汉长昌”和下游的“沪宁杭甬”“苏锡常合”联系为主，以九江市、上饶市和下游的衢州市、合肥市、安庆市、金华市联系为辅。（5）提高中心城市及中介城市的交通物流竞争力，通过上中下游城市优势互补、合作互动和梯度辐射，加强长江中下游地区与上游地区城际经济联系，优化长江经济带城际经济联系网络空间结构与合作路径，是促进长江经济带协调发展的主要着力点。

2016 年，安徽大学胡艳等人在《区域经济评论》第三期上发表《长江经济带城市群联动发展机制研究》，认为长江经济带城市群联动发展对长江经济带国家战略的实施具有重要意义。长江经济带城市群联动发展的轨迹表明，联动发展应突出长三角城市群的首位度效应，发挥其对长江中上游城市群的带动作用。联动发展的关键在于构建长江经济带城市群联动发展机制，例如依托长江黄金水

① 方创琳：《长江经济带城市群建设需有一体化统筹机制》，《经济参考报》2015 年 10 月 25 日，第 8 版。

道，建立一体化航道运输管理机制；坚持市场引导与政府主导相结合、企业主体与社会参与相结合的原则，建立全方位、多层次的区域合作交流机制；树立“共赢、联动、协同”的发展理念，构建上中下游城市群区域间的利益共享机制。

（二）对长三角城市群的研究

长三角城市群是长江经济带最早形成的跨省市城市群，学者对其研究较多。

郁鸿胜（2010）的《长三角城市群发展的思路研究》认为，长三角城市群一体化发展的路径选择是深化区域要素合作，加强制度合作，建立城市群合作机制。要优先制定和实施先行试点的服务业开放政策、统一协调的招商引资政策、区域产权交易政策、区域要素资源流动政策、区域统一的市场标准和资格认证政策。

王祖强等人（2013）的《长三角城市群发展的总体定位于路径构想》认为，未来长三角城市群应该把选择合理的空间扩散模式、有机疏散中心城市功能作为城市群空间结构的重点，致力于形成功能合理、布局紧凑、联系便捷、运行高效的具有较强国际竞争力的世界级城市群。

石碧华（2014）的《长三角城市群产业联动协同转型的机制与对策》，主要研究了长三角区域一体化发展过程中城市群内部中心城市与各县市产业联动的实现基础、发展现状及趋势，以及目前存在的主要问题及障碍，并提出通过中心城市与各县市产业联动来实现长三角地区产业壮行升级的机制及政策。

蒋媛媛（2016）的《长江经济带战略对长三角一体化的影响》认为，参与长江经济带战略有利于长三角地区整合长三角港口资源，完善综合立体交通走廊建设；有利于长三角地区同步推进产业转型升级与产业转移；有利于长三角稳步推进新型城镇化，加强城市群分工合作；有利于引领长江中上游城市群一体化发展；有利于深化长三角对外开放；有利于长三角积极探索绿色崛起的新途径。

（三）对长江中游城市群的研究

较早对长江中游城市群进行研究的，是湘鄂赣三省的学者，其中湖北省社会科学院进行了十多年持续不断的研究，于2011年成立“长江中游城市群研究中心”并坚持每月编印一期《中三角瞭望》，每年出版一部《中三角蓝皮书》。其代表学者有秦尊文、彭智敏、路洪卫、张静等人。2013年以来，湖北省社会科学院还承担了国家发展和改革委员会、国务院发展研究中心、商务部、中国社会科学院等国家相关机构有关长江中游城市群的课题研究，完成了湖北省、武汉市关于长江中游城市群的社会科学基金重点项目和软科学攻关项目。

秦尊文提出“三圈合一”设想：武汉城市圈、长株潭城市圈和昌九景城市圈基本上各自都属于“一小时经济圈”，三圈“鸡犬之声相闻”，完全可以融合为一个“三小时经济圈”；①认为提出整合后的长江中游城市群，有实力担当第四极：“只有通过三圈融合，聚合与释放三省的能量，才能从根本上提高中部地区的品位，实现中部地区经济的跨越式发展；也只有通过三圈融合，才能将长江中游地区建成21世纪中国和长江流域经济的支撑点，促进西部大开发战略的实施，才有利于建设继长江三角洲、珠江三角洲、环渤海之后又一个全新的经济区。”②秦尊文的《建设长江中游城市群是湖北跨越式发展的重大机遇》指出，建设长江中游城市群有助于恢复和提升湖北在全国的地位，有助于湖北得到交通基础设施等投资实惠，有助于湖北完善城市化布局和形态。

2012年初湖北、湖南、江西三省政府决定联手打造长江中游城市群之后，“长江中游城市群研究中心”的研究力量加大，成果更多。仅2012年、2013年两年，秦尊文就发表长江中游城市群论文49篇，其中产生一定影响的有：《全球视野下的长江中游城市集群》《努力在“中三角”中发挥引领作用》《从国家战略层面研究长江中游城市集群建设》《打造中国的“兰斯塔德”》《以生态文明理念推进长江中游城市群发展》《把长江中游作为实施扩大内需战略的突破口》《中三角是中国经济增长第四极》《长江中游城市群体制机制创新研究》《长江中游城市群经济联系分析》等。2012年出版专著《第四增长极：崛起的长江中游城市群》，

① 秦尊文：《迎接挑战，急起直追》，《学习与实践》2003年第9期；《长江中游经济区的建立与发展》，《江汉论坛》2003年第12期。

② 秦尊文：《华中金三角：中国经济第四增长极》，《企业导报》2003年第12期。

对长江中游城市群进行了较为系统全面的研究。

彭智敏等（2013）的《长江中游城市群产业合作研究》，对长江中游城市群的一、二、三产业进行了分类分析，并研究了存在的问题，指出了推进产业合作的方向。

路洪卫（2014）在《长江中游城市群区域协调发展机制探析》一文中，针对长江中游城市群发展面临的主要障碍，围绕城市群各地区共同关注、单一省市又难以自行解决的重大问题，提出长江中游城市群应重点探索建立健全国土空间开发机制、跨区域合作协调机制、横向利益分配机制和生态文明建设机制，构建生态文明体系下的区域合作发展新模式。

（四）对成渝城市群的研究

十多年来，学术界对成渝城市群的研究持续不断。李光勤等基于城市流强度的分析方法，对该地区的城市间空间联系现状的分析并与发达地区作比较，以期加快成渝经济区城市群的发展与成熟。①

钟海燕（2006）的博士学位论文《成渝城市群研究》认为，构建成渝城市群关键在于充分发挥集聚经济效应，实现城市群的集聚、增生、扩散，努力搞好城市群的空间布局与专业化分工协作，实现共生、共享，最终实现经济一体化。

吴大鹏依据偏离—份额分析法的基本原理推导出动态偏离—份额分析模型，并运用于成渝经济区南部城市群的产业结构分析，深入剖析了该城市群产业结构近10年的动态变化情况，针对其产业结构方面存在的问题，建议从以下四个方面调整优化产业结构，加快转变经济发展方式，实现科学发展：加快调整农业结构，积极发展现代农业；推进工业结构转型升级，提高区域核心竞争力；营造服务业发展环境，大力发展现代服务业；基础设施先行，着力推进区域一体化。②

---

① 李光勤、张明举、刘衍桥：《基于城市流视角的成渝经济区城市群空间联系》，《重庆工商大学学报》2006年第4期。

② 吴大鹏：《基于动态偏离——份额分析法的成渝经济区南部城市群产业结构分析》，《经济体制改革》2012年第6期。

赵驹（2013）的《成渝城市群特征及发展对策思考》认为，成渝城市群要以“新四化”为指针，定位于“内陆开放型城市群”，科学谋划产业发展，叠加各项发展优惠政策，在管理上从区域行政治理向区域统合治理转变。

张奕芳（2015）的《成渝城市群发展路径探讨》认为，成渝城市群的发展路径为：一是建立成渝两地的联合规划局；二是构建不同层次各具特色的发展格局；三是发挥中心城市创新功能。

三、长江经济带发展城市群的战略意义

（一）催生具有全球影响力的内河经济带

根据2014年国务院《关于依托黄金水道推动长江经济带发展的指导意见》和2016年党中央、国务院《长江经济带发展规划纲要》的精神，要发挥长江黄金水道的独特作用，构建现代化综合交通运输体系，推动沿江产业结构优化升级，打造世界级产业集群，培育具有国际竞争力的城市群，使长江经济带成为充分体现国家综合经济实力、积极参与国际竞争与合作的内河经济带。

长江经济带重点城市群的发展对于推动长江沿岸基础设施建设和实现城市间的互联互通具有重大意义，进一步促进各个重点城市群之间的基础设施连接，在更大范围内实现资源共享，从而推动长江经济带的健康发展。在我国，基础设施建设是根据所在地的行政隶属关系由不同的地方政府负责，很多时候地方政府往往只根据自己的管辖范围规划、建设基础设施，对如何加强与毗邻地区基础设施的互联互通考虑不多，这就在很大程度上影响了基础设施整体效益的发挥。而城市群之所以成为城市群，一个最基本的条件就是必须基础设施一体化，强调不同类型城市的互联互通，共同打造较为完善的基础设施网络，从而形成一个集约紧凑、联系紧密、功能互补、等级有序的一体化城市综合体。城市群的本质要求决定了必须实现基础设施先行，构建网络化的交通运输体系，将城市群内部各个城市与中心城市相连接，实现人才、资本、科技和信息等生产要素资源的自由流动，推动各城市间的经济联系与合作，实现城市群内地域分工更加协调

合理。

城市群的本质，就是打破行政区划的束缚，在更大范围内优化配置生产要素，这十分有利于产业布局的优化。城市群具有本地化经济优势，通过聚集大量人口能够获得劳动力池效应，实现劳动者最好的匹配；通过相关产业集中促进专业化供应商队伍的形成，实现成本最大幅度节约；通过相关科研单位的注入获得知识外溢效应，实现创新的发展和扩散。同时，城市群具有城市化经济特色，广阔的消费市场和完善的服务体系，使得城市群地区具有巨大的市场潜力，从而拥有市场接近效应和成本节约效应，有利于产业的发展壮大。无论是本地化经济优势还是城市化经济效应，都让城市群成为产业布局的不二选择。再加上城市群内部各个城市的特色定位和合理分工，以及产业化与城镇化的良性互动，都极大地扩展城市群产业发展空间。加快城市群的发展将进一步吸引产业聚集和引导产业合理布局，打造有竞争力的产业集群和产业体系。

因此，城市群的健康快速发展，必将使长江经济带打造成为具有全球影响力的内河经济带，为中国经济作为世界经济的火车头增添强劲动力。

（二）形成东中西互动合作的协调发展带

十九大报告首次提出“实施区域协调发展战略”，而长江经济带区域协调发展任重道远。长江经济带横跨我国东中西三大地带，区域间自然禀赋差异明显，发展基础显著不同，地区间经济社会发展水平差距较大。以人均 GDP 为例，同为直辖市，2014 年西部的重庆市人均 GDP 为 47 850 元，仅有上海市的 49.14%；西部的贵州省人均 GDP 为 26 473 元，仅有东部江苏省的 32.33%。再看全社会固定资产投资和进出口总额，2014 年最低的贵州省为 9 025.70 亿元和 108.14 亿美元，最高的江苏省为 41 938.65 亿元和 5 637.61 亿美元，前者只有后者的 21.52% 和 19.18%。此外，高技术产值最低的云南省为 312 亿元，最高的上海市为 7 057 亿元，前者只有后者的 4.42%。

表 1.2 2014 年长江经济带社会经济主要发展指标

地 区	GDP（亿元）	人均 GDP（元 / 人）	全社会固定资产投资（亿元）	社会消费品零售总额（亿元）	进出口总额（亿美元）	高技术产值（亿元）
上海市	23 567.70	97 370	6 016.47	8 718.65	4 664.08	7 057.00
江苏省	65 088.32	81 874	41 938.65	23 209.00	5 637.61	4 792.00
浙江省	40 173.00	73 002	24 262.76	16 905.00	3 551.47	26 114.00
安徽省	20 848.75	34 425	21 688.54	7 320.80	492.73	2 533.00
江西省	15 714.59	34 674	15 109.94	5 129.20	427.83	2 612.00
湖北省	27 379.20	47 145	22 965.27	11 806.27	430.64	2 834.00
湖南省	27 037.30	40 271	21 269.73	10 081.90	310.27	2 948.00
重庆市	14 262.60	47 850	12 281.12	5 096.20	954.50	3 434.00
四川省	28 536.66	35 128	23 318.66	11 665.80	702.52	5 487.00
贵州省	9 266.40	26 473	9 025.70	2 579.53	108.14	566.00
云南省	12 814.59	27 264	11 498.56	4 632.90	296.22	312.00
合 计	284 689.1	48 719	209 375.40	107 145.25	17 576.03	55 741.00
中国大陆	636 138.7	46 629	512 760.70	262 394.00	43 030.40	127 367.70

数据来源：国家统计局、中国及沿江九省二市统计年鉴。

推进长江经济带重点城市群建设，将立足长江上中下游地区的比较优势，统筹人口分布、经济布局与资源环境承载能力，发挥长江三角洲城市群的辐射引领作用，促进中上游地区有序承接产业转移，提高要素配置效率，激发内生发展活力，有利于缩小东中西部地区差距。同时，通过发挥长江中游城市群和成渝城市群的引领作用，分别带动长江中游和上游地区加快发展，通过加大基本公共服务投入力度，并通过大中小城市和小城镇的合理分工协作，可以显著提升城市群整体的基本服务水平，缩小城市和区域之间的发展差距。通过城乡统筹发展，加大农村公共服务投入力度，实现城乡发展一体化，促进城市群内部公共服务水平的均等化。通过三大城市群的整体联动，从整体上补齐长江沿岸基本公共服务发展短板，缩小区域发展差距，营建长江公共服务带、共享发展带，使长江经济带成为推动我国区域协调发展的示范带。

（三）构筑沿海沿江沿边全面推进的对内对外开放带

根据国家部署，要用好海陆双向开放的区位资源，创新开放模式，促进优势互补，培育内陆开放高地，加快同周边国家和地区基础设施互联互通，加强与丝绸之路经济带、海上丝绸之路的衔接互动，使长江经济带成为横贯东中西、连接南北方的开放合作走廊。

长江经济带 11 省市携手发展城市群，首先必须深化对内开放，加强区域合作。就是要充分发挥市场配置资源的决定性作用，从政府层面需要做的就是要为产业发展提供有效的制度供给，规范产业发展秩序，加强产业发展监管，消除产业发展中存在各种显性和隐性的行政壁垒。城市群各成员城市政府要在产业准入、产品质量检测、环境排放标准和监测方面加强合作，共同规范产业发展环境，为产业发展共同提供良好的外部平台，切实消除各种“玻璃门”“弹簧门”，让生产要素遵循市场规律实现优化配置，让企业遵循市场规律实现优胜劣汰，这也是供给侧结构性改革的重要内容。

国家推进沿海沿江沿边全面开放，特别是“一带一路”倡议的提出，标志着我国从向东开放转向东西并举，在面向发达国家开放的同时，更加注重向发展中国家和转型经济体开放。而向西开放，长江上游地区更具优势，可以由过去远离沿海的开放“末梢”一下子转变为开放“前沿”。根据国家部署，丝绸之路经济带重点是畅通我国经中亚、俄罗斯至欧洲（波罗的海）的通道，经中亚、西亚至波斯湾、地中海的通道，至东南亚、南亚、印度洋的通道。长江经济带上游地区的云南、贵州、四川、重庆融入丝绸之路经济带，有着天然的优势。长江中游城市群也抓住“一带一路”建设机遇，积极整合“陆上丝绸之路”通道，扩大对外开放。2012 年 10 月，“汉新欧”铁路国际货运班列开通；2014 年 10 月，“湘欧快线”开通；2014 年 12 月，“赣新欧”开通。目前，“汉新欧”发展较好。同时，着力拓宽“海上丝绸之路”通道。推动开行长江中游地区至上海港、宁波港、厦门港、莆田港、深圳港等铁海联运班列和“五定班列”；发展武汉新港、岳阳港、九江港口岸外籍轮航行，推进九江港与国内重点港口的接驳运输，对接 21 世纪海上丝绸之路。长江下游更是我国对外开放的龙头。长江下游的长三角对“一带一路”的作用主要体现为通过“一个门户”和“三个体系”的建设，即通过亚太地区重要国际门户和国际金融服务体系、国际商务服务体系、国际物流网络体系的建设，从而扩大长三角对“一带一路”国家和地区的辐射作用。

（四）打造生态文明建设的先行示范带

中央要求打造“生态文明建设的先行示范带”：统筹江河湖泊丰富多样的生态要素，推进长江经济带生态文明建设，构建以长江干支流为经脉、以山水林田湖为有机整体，江湖关系和谐、流域水质优良、生态流量充足、水土保持有效、生物种类多样的生态安全格局，使长江经济带成为水清地绿天蓝的生态廊道。

建设和发展城市群，有利于保护生态环境和集约节约利用资源。这是因为：一方面，城市群是一种高集聚经济，其为新型工业化提供了基本的空间平台，有利于按照生态规律在企业清洁生产、生态产业园区发展的基础上，根据城市群地域空间结构功能的一体化，来组织整个生产、消费和废物处理过程，实现“资源—产品—再生资源”的封闭循环，也有利于土地资源和基础设施集约使用，同时也有利于建立集约高效的交通运输体系；另一方面，与单个的城市相比，城市群更有利于发挥资源调控、环境治理上的一体化优势和规模经济优势，提高资源的空间优化配置能力，从总体上控制和治理环境污染。

长江经济带涵盖国土空间中的优化开发和重点开发区域，也包括重要的水源涵养生态功能区、农产品主产区等限制开发区域和禁止开发区域。随着长江沿岸人口迅速增加、工农业迅速发展，长江流域生态环境面临严峻挑战，需要在“生态共同体”共建共享的理念下，建设绿色生态廊道。城市群通过人口、产业集聚发展，统筹生活、生产、生态空间，为生态环境保护提供土地、水资源等保障；通过大中小城市和小城镇的合理布局，有效地减少特大城市、大城市“城市病”的发生，降低环境污染发生的可能；通过各种环保设施的建设，能够大批量集中处理废气、废水、固体废弃物等“三废”减少污染的扩散；也通过将农业转移人口就地市民化，对于广大农村地区生态环境修复和减少农村点源污染作用明显。长江沿岸重点城市群的发展，有利于强化长江水资源保护和合理利用，加大重点生态功能区保护力度，加强流域生态系统修复和环境综合治理，保护长江生态环境，引领全国生态文明建设。

第二章　国外大城市群的成功经验及启示

欧美日是城镇化的先行者，其城市群的发展也先于我国，特别是美国波士华大城市群、日本东海道城市群、北美五大湖城市群、欧洲西北部城市群、英国伦敦城市群的发展已取得成功经验，给长江经济带城市群的建设以多方面的有益启示，值得借鉴。

一、国外五大相似城市群的发展历程

（一）美国东北部大西洋沿岸城市群

美国东北部大西洋沿岸城市群，以纽约为核心城市，又称为波士顿—华盛顿城市群，简称波士华，是世界上首个被认可，也是实力最强的大城市群。它北起缅因州，南至弗吉尼亚州，跨越 10 州，由波士顿、纽约、费城、巴尔的摩、华盛顿 5 大都市和 40 多个中小城市组成，这个城市群的层级结构以金字塔形存在。该城市群几乎囊括美国东北部所有的大城市以及部分南部城市，绵延 600 多公里，总面积约 13.8 万平方公里，人口约 4 500 万，城市化水平达 90%。城市群制造业产值占全美的 30% 以上，被视为美国经济发展的中心。

波士华大城市群发展经历过四个阶段：第一阶段是 1870 年以前的各城市孤立

分散阶段，这一阶段人口和经济活动不断向城市集中，城市规模不断扩大，但各城市均独立发展，城市之间联系相对薄弱，众多小城市呈松散分布状态，地域空间结构十分松散。第二阶段是1870—1920年的区域性城市体系形成阶段，这一阶段随着美国产业结构的变化，城市规模急剧扩大，数量显著增加，以纽约、费城两个特大城市为核心的区域城市发展轴线形成，区域城市化水平提高。第三阶段是1920—1950年的大都市带雏形阶段，这一阶段美国社会经济发展进入工业化后期，城市建成区基本成型，中心城市规模继续扩大，在单个城市中的人口和经济活动向心集聚达到顶点的同时，城市发展超越了建成区的地域界线，向周边郊区扩展，逐渐形成大都市区。第四阶段是1950年以后的大都市带成熟阶段，这一阶段科技迅猛发展，交通和通讯发生革命，城市的产业结构不断升级换代，城市郊区化的出现，导致都市区空间范围扩大，并沿着发展轴紧密相连，大都市带自身的形态演化和枢纽功能逐渐走向成熟，波士顿、纽约、费城、巴尔的摩、华盛顿五大都市圈相向蔓延，相互连接，最后发展为跨越数州的波士华大城市群。

波士华大城市群在世界城市中的地位以及对于世界经济的影响能力，来自其内部的区域分工格局。纽约是世界上最主要的商业和金融中心，有着最为发达的商业和生产服务业，同时机器制造、军火生产、石油加工和食品加工也占有重要地位。波士顿集中高科技产业、金融、教育、医疗服务、建筑和运输服务业，其中高科技产业和教育是波士顿最具特色和优势的产业，如哈佛大学、麻省理工学院、波士顿大学等一大批世界著名学府分列其中。费城地理位置优越，经济结构比较多样化，费城港是美国最繁忙的港口之一，集装箱容量在北美各大港口中位居第二，港口发展带动了费城整个交通运输业。华盛顿市作为全美政治中心和世界大国首都，在国际经济中有着重要影响，全球性金融机构，如世界银行、国际货币银行和美洲发展银行的总部均位于华盛顿。巴尔的摩在造船、军工和机械制造方面具有领先地位，这与华盛顿特区密不可分。两者之间的区域关系使巴尔的摩得到了联邦政府不少直接、间接的财政支持，例如政府采购项目。因此，国防工业在巴尔的摩有了很大发展。

从空间格局来考虑，波士华大城市群的空间扩张，经历了点轴扩张和联网辐射两个阶段：起初，少数经济中心集中在沿海的重要港口城市，呈斑点状分布。随着极化和扩散作用不断增强，中心港口城市的规模急剧扩大，周边地区中小城市数量也显著增加。波士华大城市群中的中心城市形成各自的都市圈。沿海主要交通干线将中心城市连接起来，都市圈沿着海岸方向扩展融合，并且在干线两侧集聚人口和各种经济要素，形成新的聚落中心。在此基础上，整个区域建立起具有密切联系的功能性网络，形成了区域发展的空间一体化。

总体来说，美国东北部大西洋沿岸城市群的形成，以其合理的空间布局、产业功能的整合和城市服务效率的提高，为整个美国的企业和商业繁荣，带来巨大财富。

（二）日本太平洋沿岸城市群

日本的城市群地域结构以经济联系为纽带，采取了圈域经济的都市圈模式，形成了日本太平洋沿岸城市群，通常称为东海道城市群。一般指从千叶向西，经过东京、横滨、静冈、名古屋到京都、大阪、神户的范围，其中包含三个都市圈——东京都市圈、大阪都市圈、名古屋都市圈。城市群区域面积 3.5 万平方公里，占日本国土的 6%，人口将近 7 000 万，占全国总人口的 61%，工业产值占全国的 65%，分布着全日本 80% 以上的金融、教育、出版、信息和研究开发机构。由于日本特殊的自然地理条件，日本政府很早就开始重视国土开发和整治，城市群的产业结构、产业布局以及空间组织都是在政府有计划、分步骤推动下逐渐形成的。

自 20 世纪 60 年代起，日本重工业开始快速发展，形成日本的沿海工业带，为日本经济社会发展打开新篇章。随后，日本中央政府筹备打造“太平洋工业带”，以期进一步拓展工业实力，从而在现有发展基础上实现“国民收入倍增计划”。但这一设想招致了其他区域政府及民众的抗议与不满，在其他地区的压力下，日本中央政府不得不改变发展战略，摒弃“太平洋工业带”建设思路，转而致力于减小收入差距、协调地区发展以及国土均衡开拓等方面。日本当局决定推动工业向其他地方转移，以打破当时东京、名古屋、大阪和北九州四大工业基地在日本经济中占比过大的局面。但是由于当时财力、物力等有限，无法在整个日本全面开展，因而只能考虑从经济效益出发，根据工业开发适应性的强弱次序，实行“点状开发方式”，采取“新产业城市建设构想”方案，该方案意在通过把重工业转移到重点城市，将其打造成新的区域增长极，进而推动相关产业的发展，提高地区居民收入，培育次级中心城市，避免人口过度集中在大城市，从而推动国家均衡发展。

一是从规划层面考虑，由于国土面积有限，日本的国土开发很注重规划先行。1962年通过《第一次全国综合开发规划》(简称“一全综”)，强调构筑城市群解决过大都市问题。1969年“二全综”着重解决东京—大阪城市经济带过度聚集问题。1977年“三全综”要求克服城市群人口、产业的地方分散倾向。1987年“四全综”强调促进城市群产业空间的多极分散布局。1998年“五全综”则强调形成多个产业轴型结构。2008年将《全国综合开发规划》修改为《国土形成规划法》(又称“六全综”)，在国土规划体系方面从四级结构转变为二级结构，并强调可持续发展。

二是从区域分工来说，以东京、名古屋和大阪为核心的三大都市圈在空间上形成了地域合理分工，各司其职。东京圈具备了政治、经济、文化、信息等综合功能，是全国最大的工业城市群、金融中心、国际航运中心、商贸中心和消费中心，区域内集聚了众多跨国公司的总部。阪神圈是以消费品生产为中心的大工业带。名古屋圈则以纤维、陶器等传统工业为主，逐渐发展为重化工业区，是日本最大的重化工业基地。东海道城市群进行资源的合理配置，实现城市规模效应、城市聚集效应和乘数效应，产生巨大的综合经济效应。

三是从城市的空间布局考虑，日本的城市群体由中心城市—近郊卫星城市—远郊卫星城市组成。中心城市的主要功能是对整个城市群实行统一的组织管理，在文化娱乐方面增强对卫星城市的吸引力。卫星城市则主要发展与中心城市的中枢管理相一致的生产和生活活动。最终形成了中枢管理活动“点”的高度集中和生产、生活活动“面”的水平分散的这种空间分离与内在联系相结合的布局。注重中心城市的辐射作用，日本城市发展的一个很大特点是总部高度集中，分支机构相对分散。以东京为例，东京是日本国家机构的集中地，设立有国家级机构及世界级行政中心，其余城市像大阪、名古屋等设有分散结构。卫星城建立中小企业，将大城市中小企业外迁，而将企业管理中心留在大城市内是日本解决大城市拥挤问题的一项重要举措。

四是从城市群协调机构设立考虑，日本在城市群区域协调机构建设方面也做出了大量尝试，最为典型和成功的是关西经济联合会。该联合会成立于 1946 年，在内部下设各类专业委员会。其成员多是关西地区的企业单位和社会团体，总数达到 800 多家[①]。关西经济联合会是非营利性的民间组织，其目的是促进关西地区经济一体化，保障区域协调发展；其主要工作是帮助政府与企业加强沟通，提升经济发展效率。关西经济联合会于 2013 年 5 月底举行了定期总会，总会确定了新的领导体制，包括会长一名，副会长 13 名，并且关西经济联合会还提出到 2020 年努力使关西成为日本经济社会发展引擎以及亚洲数一数二的核心都市圈。[②]

最后，日本太平洋沿岸城市群十分注重城市之间的交通、网络等基础设施的完善，发达的交通和完善的网络等基础设施是日本发展都市圈的重要基础。

（三）北美五大湖城市群

北美五大湖城市群分布于五大湖沿岸，从美国芝加哥向东到底特律、克利夫兰、匹兹堡，并一直延伸到加拿大的多伦多和蒙特利尔，跨越美国和加拿大两国。主要城市包括芝加哥、底特律、克利夫兰、匹斯堡、多伦多、蒙特利尔。城市群人口约 5 000 万，面积约 24.5 万平方公里，与美国东北沿海城市群共同构成北美制造业带。

五大湖地区从 19 世纪初开始进入开发阶段，早期因水网交通而兴盛，并很快以浩瀚森林与肥沃土地的价值，兴盛了伐木与农业。伴随世界大工业时代的到来，该地区丰富的矿产资源再加上充足的水源，促使了庞大的工业和巨大的都市区的发展，于 20 世纪初达到繁荣鼎盛时期，形成了沿密歇根湖的美国威斯康星州密尔沃基、芝加哥、密歇根州底特律，以及沿伊利湖南岸扩展至加拿大安大略湖的多伦多、汉米尔顿地区的世界级城市群地区。

---

① 杨龙：《中国经济区域化发展的行政协调》，《中国人民大学学报》2007 年第 2 期。

② 陶希东：《转型期跨省都市圈政府间关系重构策略研究》，《规划研究》2007 年第 9 期。

北美五大湖城市群在发展的过程中有其自身的特点。

一是多中心齐头并进的城市群发展模式。城市群中有大中小城市 35 个之多，但并无一个城市居于绝对核心地位，以芝加哥为主体的多个中心城市在功能上各有所长、互相依存、共同发展。

二是制造业集聚趋势。城市群的产业以传统的制造业为主导，区域内制造业集聚趋势十分明显，而这一基本特征决定了该城市群的城市规模和结构，也影响了城市分布形态，使该区域内城市呈现总体集中、城市密度大的城市布局。

三是区域合作性强。由于城市群城市的主导产业单一，专业化程度很高，因此单个城市必须依赖整个生产网络才能得到充分发展，使得五大湖的城市经济协作十分紧密，形成综合性中心大都市与中小型城市、卫星城相互结合、配套同步发展的均衡城市体系。

四是先进制造业与高科技产业作用明显。第二次世界大战后随着传统制造业地位相对下降，城市群发展也受到巨大影响，经济增长乏力。而之后五大湖城市以先进制造业和服务业为发展新方向，大力发展先进制造业和高科技产业必备的雄厚科研力量，与中西部的众多学府合作，拥有数量位居全国前列的工业研究与发展实验室，积极进行产业结构调整，使得从 1990 年底以来，中西部制造业指数平稳上升。

五是航运业优势地位突出。城市群地处世界最大淡水湖群五大湖与世界最大水系密西西比河的先天优势区域，且拥有发达的铁路交通体系，使得城市群各主要城市均成为区域经济的重要交通节点。同时，区域内高速公路体系发达，拥有全美第二航空运输量的机场，使得城市群在航运方面拥有无可取代的优势地位，为其制造业带建立起完备的航运网络。

（四）欧洲西北部城市群

欧洲西北部城市群实际上包含多个国家的城市群，主要有法国巴黎城市群、德国莱茵—鲁尔城市群以及荷兰兰斯塔德城市群，整体架构较为松散。这三大城市群通过欧洲高度密集的铁路、公路以及航空网络，尤其是州际高速串联，进而形成了一个整体。其中，巴黎、阿姆斯特丹、杜塞尔多夫、鹿特丹、布鲁塞尔等是该城市群的主要城市。人口总数大约 0.46 亿人，总面积 14.2 万平方公里。虽然该城市群中的各个城市都具有不同的功能与职能，但相互配合，共同服务于整个城市群。

巴黎城市群是沿塞纳河而形成的城市群，是以法国首都巴黎为核心城市，由巴黎、勒阿弗尔、鲁昂等大城市以及 35 个中小城市共同组成，是法国为了改变原来向心聚集发展的城市结构，限制大巴黎都市区的扩展，沿着塞纳河下游在更大范围内规划布局人口和工业而形成的城市群，整体上呈现为带状。

欧洲西北部城市群的另一个重要组成部分是德国的莱茵—鲁尔城市群，该城市群是因工矿业发展而形成的多中心城市聚集区，其范围长度达 116 公里，宽 67 公里，该城市群集聚了杜塞尔多夫、科隆、波恩和埃森等 20 多个城市，其中人口规模在 50—100 万人的大城市有 5 个。杜塞尔多夫是莱茵—鲁尔城市群的行政中心和经济中心；埃森位于城市群中央，是军工、飞机制造业的中心；杜伊斯堡位于莱茵河和铁路的交汇点，是钢铁、机械制造和化学工业的中心；多特蒙德位于铁路、公路和运河的交汇点，是采煤和冶金工业中心。

荷兰的兰斯塔德城市群也是欧洲西北部城市群的重要组成部分，是一个多中心城市群，呈现为马蹄形环状格局。该城市群由阿姆斯特丹、鹿特丹和海牙 3 个大城市，哈勒姆、乌德勒支和莱登 3 个中等城市以及众多小城市共同组成，各城市之间的距离间隔较小，仅有 10—20 公里。兰斯塔德城市群把工业、商业、运输业、金融业、文化、行政、服务等各种功能分别安排在几个临近又互相分开的城市。阿姆斯特丹是荷兰最大的城市和首都，是经济、文化和金融中心，市内主要是技术密集型工业，重工业则分布在附近的卫星城镇，也是荷兰皇家所在地；鹿特丹是世界第一大港，又是重工业中心；乌德勒支和哈勒姆则是宗教和旅游中心，莱登是这个地区的教育中心。

与世界其他主要城市群相比，欧洲西北部城市群把单个城市所具有的多种职能分散到各个大、中、小城市，形成既有区别又有联系的空间组织形式，这样的结构有利于保持城市群整体的统一性和发展的有序性。

（五）英国中南部城市群

英国中南部城市群以伦敦为核心，以伦敦—利物浦为轴线，由大伦敦地区、伯明翰、谢菲尔德、利物浦、曼彻斯特等大城市，10余个中小城市以及众多小城镇组成。总面积4.5万平方公里，人口3 650万，是英国产业密集带和经济核心区。英国中南部城市群在世界级城市群中规模最小，但发育最早。其推进城市群建设的主要做法是：

一是充分发挥城市规划作用。英国不仅重视城市规划的作用，更将它作为国家的一项大法，从而保证了城市规划实施的严肃性和权威性。在充分尊重民意的基础上，英国制定了一套"以人为本"的规划体系。另外，民间规划机构也在英国城市规划发展中扮演着重要角色。如伦敦规划咨询委员会这一个民间规划组织，负责规划咨询事宜，协调大伦敦的规划工作，并已发表了一系列有关伦敦的规划研究报告。20世纪90年代初期以来，大伦敦地区又先后引入了战略规划指引（Strategic Planning Guidance，SPG），以维持整个城市群战略规划的一致和协调。

二是组建大伦敦市政议会。尽管英国十分重视城市群协调机制的建立，但它的探索并不一帆风顺。1964年，英国创建了"大伦敦议会"，专门负责伦敦城市群的管理与发展问题。1980年初期随着大伦敦和其他大都市郡议会的废除，几乎不存在任何中央批准或支持的区域规划行为，但是这并不意味着这一巨大的城市群就没有协调性的管理。依据1985年《地方政府法》，中央政府实际通过当时的环境部承担了这一地区的战略规划职能。但是，撒切尔夫人当政期间，在公共政策领域中鼓励采纳市场规律对提高政策的协调性和战略性收效甚微，结果直接造成了一些大型项目规划无法实施，投资无法加以协调，环境无法得以保护。直到2000年才重新成立并运行至今的大伦敦市政议会，主要负责交通、经济发展、环境问题、旅游和娱乐等战略规划的编制，从整体上构建土地利用的基本框架。在新的统一市政府领导下，作为二级政府的自治市政府主要承担着本区的日常事务，继续提供地方性的服务，如教育、住宅、城市更新、公路维护、区域规划、文化和休闲产业等，但必须和大伦敦市长紧密合作以保证伦敦政策的一致性。大伦敦市政府和各自治市政府两级政府是合作和协调的关系，并非上下级关系。

三是推进一体化建设。城市不论规模大小，在发展权利上一律平等，在城市联盟中的地位也一律平等，城市之间开展平等协作。正由于区域城市一体化，各城市实现优势互补、联动发展，伦敦、利物浦、曼彻斯特这些规模大、实力强的中心城市能够发展成为具有巨大国际影响力的大都市。

四是加强城乡协调发展。英国是全世界第一个实现城镇化的国家，也是最早面对城乡发展失衡问题的国家。英国 1868 年、1875 年先后两次颁布《工人住宅法》，解决贫民窟问题。拆毁贫民窟后，由政府兴建了商店、公园、仓库、车站、剧院等设施。此外，积极培植新的区域增长极以带动落后地区的发展。

五是注重环境保护和治理。这既是英国城市群发展中的经验也是教训。工业革命发展和两岸人口激增，致使泰晤士河污染严重。从 1858 年开始，为拯救泰晤士河，英国历届政府推出了许多措施：（1）修建大型下水道，拉开治理泰晤士河的序幕。（2）伦敦对泰晤士河水质实施监控并加强污水处理。（3）20 世纪 50 年代末，政府通过立法对向泰晤士河排放工业废水和生活污水进行严格管理。（4）20 世纪后期，英国对水的供给和管理行业实行私有化。经过约 150 多年的治理，泰晤士河已经发生根本性变化，成为欧洲最洁净的城市水道之一。

二、国外特大城市群的总体特征

（一）要素流动自由

纵观上述国外特大城市群，其发展的基本条件都比较优越，特别是拥有优越的区位条件和自然条件。国外特大城市群大都处于适宜人类居住的平原地带，便于农耕、居住和联络；同时又多数沿湖、沿河和沿海分布，不仅保证内外交通的便利，又可以为城市的工商业发展和居民生活提供必要而充足的水源。但这些城市群最主要的特征还是要素自由流动。国外特大城市群既有分布于同一个国家的城市群，也有跨越国界分布在不同国家的城市群。相近的经济制度和文化传统，使得市场机制能够发挥重要作用，从而要素的流动不受阻碍，为城市之间形成紧密关系奠定了基础。这在两种类型的城市群中都表现得十分典型。

由于要素的自由流动，而科技进步又加速要素流动，也导致了世界经济中心的转移，这又导致城市群在世界范围内次第兴起。纵观世界经济发展，科技的每一次飞跃引起世界经济中心转移，而经济中心的每一次转移又带来区域范围内工业化和城市化的迅猛发展，从而催生了城市群的产生与发展。如 18 世纪后工业革命使英国成为世界经济增长中心，英国中南部城市群获得发展机遇；19 世纪西欧地区成为世界经济增长中心，欧洲西北部形成规模不等的城市群。进入 20 世纪以后，世界经济中心从西欧转向北美，美国东北部大西洋沿岸城市群、北美五大湖城市群兴起；20 世纪 50 年代以后，美国经济中心向中西部转移，推动了美国中西部地区大都市区和城市群的发展。

（二）中枢功能突出

国外特大城市群往往发挥着全球及国家中枢的重要功能，它们常常集现代工业职能、商业金融职能、外贸门户职能和文化先导职能于一身，成为国家及国家之间经济活动最密集、经济效益最高、对外开放程度最高的区域，也是新技术、新思想的诞生地，对国家、地区和世界经济发展具有支配作用。全球及国家中枢功能的发挥主要凭借两个重要条件：

一是核心城市具有极高的国际化程度。纽约、华盛顿、伦敦、巴黎和东京等都是知名的国际大都市，尽管每个城市的国际化特色领域不同，但都具有高端国际化功能。如美国东北部大西洋沿岸城市群是世界上最大的城市群，华盛顿是美国的首都，纽约是联合国总部所在地，说明这一城市群不仅是美国的政治中心，也是被广泛认可的世界政治活动中心。

二是城市群地区具有极高的一体化程度。不仅在一国之内的城市群具有很高的一体化程度而且跨国城市群内的城市之间表现出很强的“同城效应”，区域一体化达到很高水平。国外城市群大多拥有高度发达的水、陆、空等多种交通设施以及通信体系构成的基础设施网络，其中高度发达的铁路、公路设施是城市群空间结构的主体骨架。城市群内产业带和城镇密集带通过发达的交通和通信网络相连，一体化发展达到了很高水平。

（三）空间结构合理

空间结构特征是国外城市群发展最集中、最综合的表现。国外特大城市群的空间结构特征主要有：

一是城市群外部形态以带状为主。美国东北部大西洋沿岸、北美五大湖、日本太平洋沿岸和英国中南部这四大城市群均沿海岸延伸，呈现带状的空间结构，而欧洲西北部城市群略呈环状拓展。

二是城市群内部呈现单核心城市带动、多中心城市均衡发展两种模式。北美五大湖城市群、日本太平洋沿岸城市群和英国中南部城市群都属于单核心城市带动模式，该模式一般都拥有一个辐射带动能力极强的超级城市，深刻影响着群内每一个城市的发展。中心城市均衡发展模式的典型代表是欧洲西北部城市群，多个中心城市分工明确、彼此依存、协调发展，共同推进区域经济的发展，而非其中一个核心城市贡献主要力量。

三是城市群内部结构为多层次。如美国东北部大西洋沿岸城市群就是由波士顿、纽约、费城、巴尔的摩、华盛顿五大都市圈组成，每个都市圈又由若干都市区组成，每个都市区又是由一个城市与周边小城镇共同构成。

四是城市群空间拓展具有阶段性和动态性。国外城市群的演进发展也经过了漫长时期，大多经历了城市离散发展、单中心孤立发展、多中心形成以及网络化发展的四个阶段，在不同的阶段城市群发展表现出不同的特征，而且演进过程随时间不断推移。

（四）产业发展成熟

产业发展水平是城市群发育和成熟的重要标志。国外特大城市群的产业发展具有三个共同特征：

一是产业体系完善。产业的上下游之间、整体与局部之间、制造业与生产性服务业之间相互依存和衔接，形成低成本、高效率和紧密型的产业带，而产业带又把多个城市聚合成一个紧密的大城市群。如芝加哥都市圈，拥有非常完备的产业体系，建立全面配套的雄厚工业体系，拥有大批名优产品。产业结构相当完善，有百余种名优产品和拳头产品；建成世界上最大的历史悠久的农矿产品期货市场，现在各期货交易所囊括世界商品贸易 80% 以上；拥有北美最大水陆路交通枢纽和世界上最繁忙的航空港，建成高度发达的多类型多层次交通系统；建成一个世界上吞吐量最大的内陆港，辟有一个知名度很大的自由贸易区，使之成为世界上最重要的国际贸易港口；拥有世界一流的信息、金融、服务和第三产业机构，世界驰名的大银行、大企业、大公司总部云集；拥有非常雄厚和平衡的经济结构，使其能更适应世界经济形势的变化，更具抵御经济衰退的能力。

二是城市在产业发展上形成合理而紧密的分工协作关系。如：美国东北部大西洋沿岸城市群中，纽约是全球的金融中心，费城和巴尔的摩的重工业发达同时各具特色，波士顿是著名的文化中心。欧洲西北部城市群中，荷兰兰斯塔德作为一个理想的城市群典范，其成功的主因是中心城市有较好的分工。阿姆斯特丹是经济中心，主要承担金融、贸易、文化、旅游的职能；鹿特丹是航运中心，主要承担物流贸易、临港制造业的职能；海牙是政治中心和国际事务及外交活动中心，主要发挥公共管理以及会展旅游的职能；乌德勒支在科研和教育方面独树一帜。其城市之间的地域分工不仅体现在部门专业化，还体现在职能专业化上。公司的总部、研发总部和商业服务部门主要集中在四大城市，而生产职能和日常办公职能则向周边的中小城市集聚。

三是产业集群发展水平高。极高的产业集群发展水平构成国外特大城市群的核心竞争力。如纽约都市圈，已发展成为国际金融产业中心和集群地，在行业内有比较明显的优势：第一，拥有世界级的金融产业（交易）平台，纳斯达克、纽约证券交易所、纽约期货交易所都是具有世界影响力的金融平台。第二，拥有世界上最多和最集中的金融机构，集中了约 3 000 多家金融和保险公司，10 000 多家外国银行和办事处。第三，具有全球影响力，纽约是全球金融中心，其外汇交易量占全球 16%，衍生金融工具的成交量占全球 14%，占外国债券发行量的 34%。

三、与长江经济带城市群的比较分析

（一）基于城市群发展阶段的比较分析

城市群的发展一般分为四个阶段：（1）城市孤立发展初级阶段；（2）城市组团快速发展阶段；（3）城市群形成阶段；（4）城市群成熟阶段。一般来说，可以根据城市群整体的经济发展水平以及城市之间的联系紧密程度等特征判断城市群发展所处的阶段。例如美国东北部大西洋沿岸城市群和日本太平洋沿岸城市群经历了数十年甚至上百年的发展，不管从整体的经济发展水平还是区域功能协调都进入了高级平台，两者作为全球城市群发展的经典范例都已跨入城市群发展的成熟稳定阶段，成为引领国家甚至全球经济增长的重要增长极点。相比之下，长江经济带沿江三大城市群的启动构建都是近十几年的事情，2015 年和 2016 年长江经济带三大城市群的规划才相继获批，三大城市群现阶段发展水平还远未达到美国东北部大西洋沿岸城市群和日本太平洋沿岸城市群的程度。

长三角作为引领我国经济发展的主引擎之一，协同发展要早于长江中游城市群和成渝城市群，核心城市上海作为我国的经济中心，对外辐射的能力不断提升，呈现出一定程度的产业高端化倾向，南京、杭州、合肥、苏州、宁波等大城市经济集聚能力不断增强，扬州、嘉兴、芜湖等城市与大城市之间的联系逐渐紧密，积极承接上海、南京、合肥等大城市的辐射，整个长三角区域分工已成雏形，城市群已经形成了比较清晰的城镇网络体系，长三角已经处于城市组团快速发展阶段向城市群形成阶段演进的途中。

目前长江中游城市群还是处于以武汉、长沙和南昌为核心的三个城市组团快速发展阶段，武汉城市圈、长株潭城市群以及环鄱阳湖生态城市群的发展较为迅速，核心城市武汉、长沙以及南昌集聚能力仍然大于对于周边地区的辐射功能。可喜的是，三个次级城市群之间的融合发展正在稳步推进，宜昌、荆州、岳阳、咸宁、武汉、九江等沿江港口合作已经展开，大中城市之间的联系逐渐紧密，区域分工有一定进展。

成渝城市群与长江中游城市群的情况相仿，核心城市重庆和成都集聚能力要大于其对外扩散功能，重庆两江新区和四川天府新区建设总体相对独立，但成渝发展主轴上的资阳、遂宁、内江、永川、大足、荣昌、潼南、铜梁、璧山等沿线城市经济联动效应逐渐显现，泸州、宜宾、江津、涪陵、丰都、忠县、万州等逐渐形成沿江生态型城市带。成渝城市群总体上也处于城市群发展的组团快速成长的第二阶段。

（二）基于城市群空间结构的比较分析

纽约是美国东北部大西洋沿岸城市群的首位城市，处于金字塔层级的顶端，与大西洋沿岸的波士顿、费城、巴尔的摩以及华盛顿四个城市构成了“一大带四小”的格局，同时还有周边的40多个中小城市作为腹地支撑。日本太平洋沿岸城市群虽然包括东京、名古屋以及大阪三大核心城市，但由于东京都市圈在经济体量、金融发展、政治地位上的优势，也构成类似于“一主两副”的空间格局。

长江经济带三大城市群在空间结构上各有特点。长三角城市群中以上海为核心，带动周边南京都市圈、杭州都市圈、合肥都市圈、苏锡常都市圈、宁波都市圈同城化发展，从空间组织层面也属于单核城市群。长江中游城市群以湖北、湖南、江西三省份为主体，以武汉、长沙以及南昌为三大核心城市，带动周边宜昌、荆州、岳阳、九江等城市共同发展。虽然中心城市武汉在规模体量、科技发展等方面处于中部地区相对领先地位，但总体来说对于城市群中湘赣两省的辐射作用还比较有限。长沙和南昌都是各自省份的中心城市，对于各自省域内的城市辐射能力较强。因此，长江中游城市群在空间组织上属于多中心城市群，武汉必须与长沙、南昌共同带动城市群的发展。成渝城市群以重庆和四川城市作为主体，次级城市与核心城市在经济规模、人口数量、产业发展、功能定位上差距较为明显，因此成渝城市群在空间组织上属于以重庆和成都作为中心城市的“双核”构造。

（三）基于区域分工的比较分析

美国东北部大西洋沿岸城市群作为世界上最为成熟的城市群在各大城市间形成了较为完善的区域分工体系，纽约作为核心城市，是最为重要的经济金融中心，同时兼顾部分政治功能（联合国总部所在地）。波士顿则是知识、信息、高科技产业的集聚地。华盛顿则是政治文化中心，费城和巴尔的摩在港口贸易、军工生产、机械制造等领域领先。从港口外贸功能看，纽约港是商港，以集装箱运输为主；费城港主要从事近海货运；巴尔的摩港作为矿石、煤和谷物的转运港；而波士顿则是以转运地方产品为主的商港，同时兼有海港的性质。港口间的分工协作构成了城市群产业错位发展的重要基础。在日本太平洋沿岸城市群中，东京是综合功能的全球性特大城市，是日本首都，并且是全球三大金融中心之一，也是最大工商业和制造业中心。阪神地区商业较为发达，名古屋地区制造业较为领先。例如东京的出版印刷业、横滨川崎的电子电器业、名古屋的汽车业和运输机械业、东海市的钢铁冶金业、大阪的石油化工业等，各城市间形成了一种产业分工连锁关系，避免了产业结构的趋同化。

相比之下，长江经济带三大城市群的区域分工程度不同、整体水平不高。长三角城市群在区域分工程度又相对较高，这主要得益于上海在我国独一无二的经济科技创新实力。上海作为国家中心城市和国际化大都市，现代金融业、先进制造业、现代服务业构成上海产业的主要特征，在发展过程中一些相对衰落的产业不断向外迁移，这给周边地区承接上海的产业转移创造了机会。特别是毗邻上海的江苏昆山、浙江嘉兴等地，多年以前就已经开始积极承接上海的产业转移。南京、杭州、合肥作为江浙皖三省的省会，肩负着区域性政治中心和经济中心的职能，苏州作为文化旅游以及制造中心，宁波港作为上海港的有力补充，承担着对外贸易重要责任。长江中游城市群区域分工则总体相对滞后。就武汉城市圈来说，武汉“一城独大”的现象广为诟病，资源要素不断地向武汉集聚一定程度上制约了城市之间有效开展区域分工的意愿。长株潭城市群则相对较好，长沙的现代服务业比较繁荣，文化产业处于领先地位，株洲和湘潭的机车和汽车为主的制造业则发展较好。成渝城市群发展中重庆、成都两个核心城市协调合作机制仍需健全，空间发展战略缺乏充分对接，高端发展平台的谋划和建设合作不足，产业分工协作不够充分，经济尚未形成紧密的有机联系。

四、对长江经济带城市群发展的启示

（一）充分利用沿海沿江的有利条件

据美国著名经济学家萨克什所做的统计，全球GDP的50%产生于距海岸线50英里的范围内。另据研究，全世界大约有三分之一的人口生活在沿海岸线60公里的范围内。纵观世界工业化进程，我们可以发现，凡是重化工业发达的国家或城市无一例外都与大型港口联系在一起。新加坡依托其天然良港在裕廊岛建成了世界第三大炼油中心，其港口经济对全国经济增长的贡献率达三分之一；荷兰依托鹿特丹港发展临港产业，其对城市GDP贡献率为34%；作为美国西海岸的洛杉矶港，其临港产业为洛杉矶市提供了70%的收益。此外，大江大河沿岸尤其是大河口地区也总是聚集较多的经济和人口，如武汉、重庆等。因此，全世界的国际性都市90%以上都位于海岸线和大河口的三角洲上。

为什么会出现这种情况？这是因为：虽然随着科技的发展，公、铁、空、管等运输方式的比重有所提高，但是以海运和内河运输为主要特征的水运方式具有载重能力高、运输行程远、单位运价低廉等诸多无法比拟的优势，因此水运仍然是国际贸易运输的主要方式，临海临河特征为开放型经济奠定了优先发展基础，十分有利于产业集聚和城市的聚集。美国东北部大西洋沿岸城市群以及日本太平洋沿岸城市群的发展，都是充分利用了沿海发展的独特优势逐渐成长起来的。而长江经济带的三大城市群，长江黄金水道贯穿其中，成为区域对外开放开发的重要纽带。以上海、武汉和重庆三大沿江港口为依托，大力发挥长江的通道作用，充分利用沿海沿江的有利条件，将极大地促进长三角、长江中游以及成渝等三大跨区域性城市群的发展壮大。

（二）突出核心城市的集聚辐射作用

美国东北部大西洋沿岸城市群、日本太平洋沿岸城市群和英国中南部城市群发展经验表明，首位城市纽约、东京和伦敦在城市群发展中起到了关键的作用，正是三者奠定了在全球金融商业领域的至高地位后，逐渐形成全球公认的“世界城市”，吸引着相关资源要素不断在周边集聚。美国东北部大西洋沿岸城市群、日本太平洋沿岸城市群和英国中南部城市群之所以成为世界级城市群，一个基本条件就是拥有世界级城市。世界级城市也称为“全球城市”“世界城市”，英国伦敦、美国纽约、法国巴黎和日本东京传统上被认为是“四大世界级城市”。1986年，米尔顿·弗里德曼（Milton Friedman）从新的国际劳动分工的角度，把世界城市的特征概括为：主要金融中心、跨国公司总部（包括地区性总部）、国际化组织、商业服务部门的高速增长、重要的制造中心、主要交通枢纽和较大人口规模。

美国东北部大西洋沿岸城市群、日本太平洋沿岸城市群和英国中南部城市群的发展经验显示，核心要素向首位城市方向集聚，次级要素向周边区域扩散，有效实现了要素的双向流动，形成了城市之间合理的区域分工。在我国，长江经济带三大城市群从空间结构上来说存在较大差异，长三角是以上海为首位城市的单核形式，这点与波士华大城市群和东海道城市群类似，而长江中游和成渝则分别为“三核”和“双核”城市群，但这并不妨碍核心城市在城市群发展中的巨大作用。在长三角城市群中，要支持上海聚集高端要素，强化辐射功能，努力向“世界城市”迈进，并推动长三角在我国率先建成世界级城市群。在长江中游城市群范围内，不断壮大核心城市武汉、长沙、南昌三大城市的力量，加速要素向区域集聚，并且推进不同要素有序的双向流动，将促进武汉城市圈、长株潭城市群以及鄱阳湖生态经济区的圈域内城市间的区域分工和融合发展。在成渝城市群中，支持重庆、成都大力发展总部经济，完善金融服务等功能，进一步提升国际化水平，随着城市群向深层次发展，在整个长江上游地区形成更高层次的区域分工协作体系。

（三）重视规划的指导作用

城市群的发展要加强规划的引领作用，日本太平洋沿岸城市群的成功主要得益于 20 世纪 60 年代以来的六次规划，有效缓解了大都市城市病、经济过度集聚以及产业空间分散等问题。美国东北部大西洋沿岸城市群也很重视区域规划，尤以大纽约为代表。纽约大都市区是美国人口最多的城市化区域，却是美国管治最好的，成立于 1922 年的区域规划协会功不可没。协会在 1929 年发表了第一份地区规划，精辟地指出了交通网络和公共空间作为地区发展关键杠杆的作用，从而为纽约大都市区之后几十年的发展打下了基础；1968 年发表的第二份地区规划成功确定了新的目标，即重建纽约大都市区公共交通系统和重建及巩固地区中心，从而更好地为公共交通、保护自然资源、建立高密度的城市化地区等到目标创造条件；1996 年发布的第三份地区规划，针对的是大都市区内严重的财政问题提出应对之策。9 · 11 恐怖袭击发生后，区域规划协会参与了下曼哈顿区的重建工作。作为专业中介组织，协会提出的都是协作式规划，其目的是把各个关键利益的代表聚集在一起，政府机构只是其中的一方，当然规划过程的结果最后还是需由政府部门来法规化（也有一些行动可完全通过非政府部门来贯彻实施）。这种模式既不需要合并地方政府，也不需要将其权力大量分割出来，却能从特别管区的运用以及由大都市区承担的战略规划和大都市区整体的市场和推广中获得网络合理化和规模经济效益。

这给我们几点启示：一是城市群规划应依托专业中介机构来进行，而这些机构的专业规划，对城市群的发展具有至关重要的影响，政府部门自己做的规划往往出于迎合本届政府领导而导致不是好大喜功就是缺乏前瞻性；二是依托的专业中介机构最好是本地的，或者是本地牵头的（可由其邀请外地专业机构参加），这并不是排外，因为本地机构除了熟悉情况外更能持续认真地做下去，如果上次请北京做，这次请上海做，下次请广州做，或者上次请英国做，这次请美国做，下次请加拿大做，不仅时间成本和其他成本较高，而且通常衔接得不是很好，甚至脱离本地实际；三是城市群规划要法制化，避免出现“张三上台挖，李四上台填”的现象和“拉链”工程。①

（四）加强区域协调机制建设

城市群的发展，由于涉及众多城市主体，而单个城市政府又无法独自应对广域行政问题，需要有一定的协调机构作为管理联系的主要力量。日本太平洋沿岸城市群中各地方政府间主要采取“事务委托”和“部分事务联合”的方式共同处理特定事务，由各地方政府通过议会决议，授权政府签订合作协定。而美国东北部大西洋沿岸城市群，其城市间虽然经济联系紧密，但却并未形成统一的、具有实体性质的城市群管理机构，区域间的协调和跨区域管理大多通过一些专业性管理机构进行，城市间协作是松散和非正式的。长江经济带城市群的协调机构建设，可以有效借鉴日本的地方政府衔接和美国的市场机构管理的双向优势，在发展中，以各地地方政府为主要领导衔接力量，成立城市群建设区域协调小组，在具体的项目建设方面，可以吸引若干市场专业主体参与成立专项建设机构，加快项目的协调、实施和建设过程。

现阶段，我国刚通过了长江经济带三大城市群的发展规划，对于三大城市群发展中的城市定位、交通连接、产业发展和环境保护等方面的内容多做了细致而详尽的部署。三大城市群在发展过程中，要严格遵循规划的指引，这样既可以避免核心城市的过度膨胀和连绵外溢，又能实现建设周边城市、疏解核心城市人口和功能的同时，避免核心城市的“空心化”等诸多城市群发展中的问题。同时，还要加强体制机制建设，促进三大城市群之间的协调发展。

① 秦尊文：《美国城市群考察及对中国的启示》，《湖北社会科学》2008 年第 12 期。

第三章　长江下游地区城市群的发展战略

长江下游地区城市群，既包括跨省市的长江三角洲城市群——她在 1976 年就被“城市群理论之父”、法国地理学家戈特曼 (Jean Gottmann) 列为世界六大城市群之一，属于“大城市群”（Megalopolis）级别；也包括杭州都市圈、南京都市圈、沿淮城市群等稍低级别的城市群，一般称为“都市圈”“城市圈”，可以包含在“大城市群”里，也可以独立于“大城市群”之外。本章重点研究长江下游地区（安徽、江苏、浙江、上海）这两类城市群的发展战略。

一、长三角城市群的发展概况

（一）长三角城市群基本情况

长三角城市群是我国实力最强的城市群，由以上海为核心、联系紧密的多个城市组成，主要分布于国家“两横三纵”城市化格局的优化开发和重点开发区域。具体范围包括：上海市，江苏省南京、无锡、常州、苏州、南通、盐城、扬州、镇江、泰州 9 市，浙江省杭州、宁波、嘉兴、湖州、绍兴、金华、舟山、台州 8 市，安徽省合肥、芜湖、马鞍山、铜陵、安庆、滁州、池州、宣城 8 市，共计 26 个城市，总面积 21.17 万平方公里，总人口 1.5 亿人，分别占全国的 2.2%

和 11%。统计数据显示，2015 年长三角城市群 GDP 总量达到 13.53 万亿元，同比增长 6.78%；占全国总量的 20%，同比提高 1.5 个百分点，是拉动全国经济增长的重要一极。

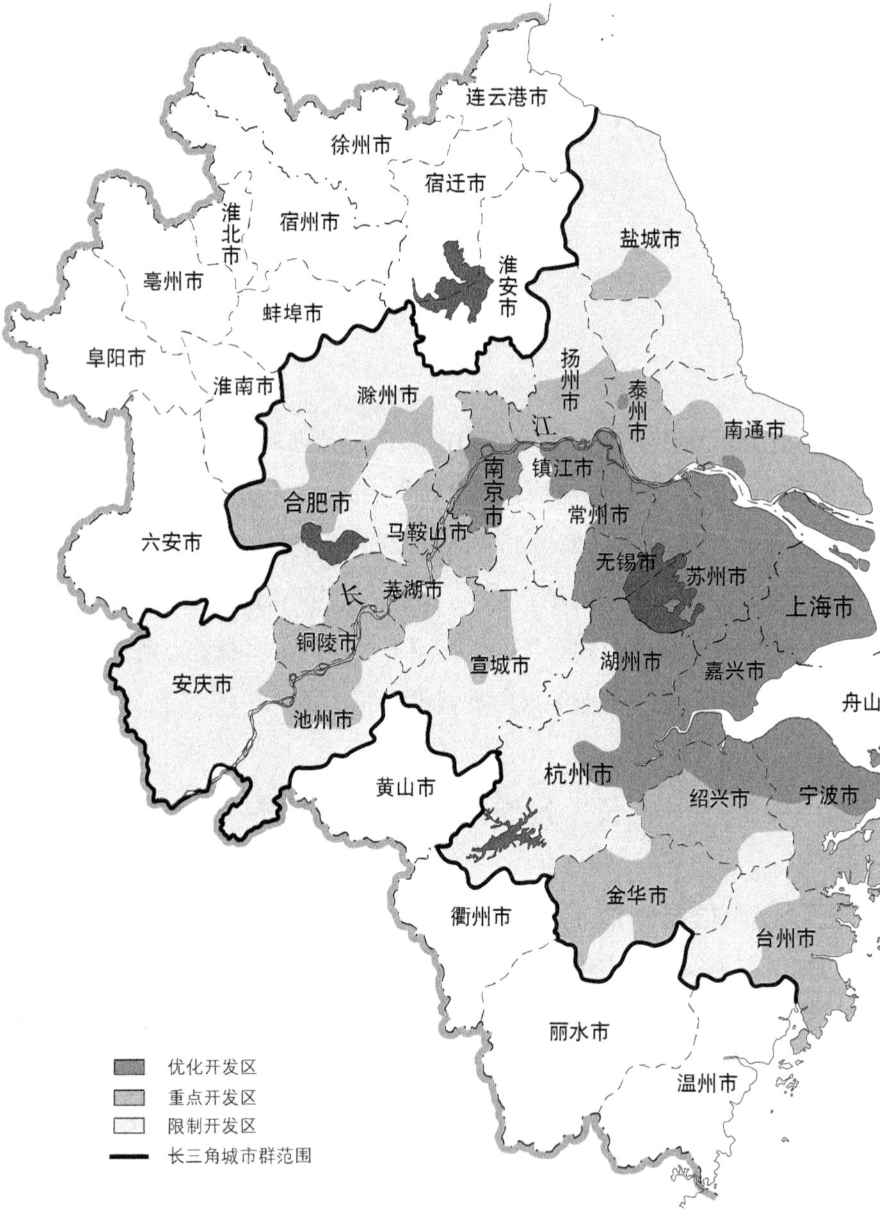

图 3.1　长江三角洲城市群范围

表 3.1　2015 年长三角城市群各城市 GDP 及构成

单位：亿元

城　市	地区生产总值	第一产业增加值	第二产业增加值	第三产业增加值
上　海	24 964.99	109.78	7 940.69	16 914.52
南　京	9 720.77	232.39	3 916.11	5 572.27
无　锡	8 518.26	137.72	4 197.43	4 183.11
常　州	5 273.2	146.6	2 516.2	2 610.4
苏　州	14 504.07	652.78	6 681.29	7 170
南　通	6 148.4	354.9	2 977.5	2 816
盐　城	4 212.5	516.5	1 925.5	1 770.5
扬　州	4 016.84	241.93	2 011.97	1 762.94
镇　江	3 502.48	132.89	1 726.96	1 642.63
泰　州	3 655.53	218.93	1 793.04	1 643.56
杭　州	10 053.58	287.69	3 910.6	5 855.29
宁　波	8 011.5	285.2	3 924.5	3 801.8
嘉　兴	3 517.06	140.09	1 850.04	1 526.93
湖　州	2 084.3	122.4	1 026.7	935.2
绍　兴	4 466.65	199.09	2 253.41	2 014.15
金　华	3 406.48	141.21	1 538.94	1 726.33
舟　山	1 095	112	454	529
台　州	3 558.13	230.63	1 573.41	1 754.09
合　肥	5 660.27	263.43	3 097.91	2 298.93
芜　湖	2 457.22	120.02	1 540.6	796.7
马鞍山	1 365.3	79.5	818.6	467.2
铜　陵	721.3	13.2	493.2	214.9
安　庆	1 613.2	220	821.6	571.6
滁　州	1 305.7	221.5	694.9	389.3
池　州	544.7	70.6	251.3	222.8
宣　城	971.5	121.3	486.3	363.9
总　计	135 349.03	5 372.28	60 422.7	69 554.05

资料来源：2015 年各市统计公报。

（二）长三角城市群的战略定位

长三角城市群发达的交通网络、便利的基础设施以及多元化的产业发展布局，推动了城市群内部的一体化发展。国家对长江三角洲城市群寄予厚望。早在 2010 年，国务院以国函〔2010〕38 号正式批准实施的《长江三角洲地区区域规划》，就明确了长江三角洲地区发展的战略定位，即亚太地区重要的国际门户、全球重要的现代服务业和先进制造业中心、具有较强国际竞争力的世界级城市群。2016 年 5 月国务院批复同意的《长江三角洲城市群发展规划》对城市群的总体定位是：顺应时代潮流，服务国家现代化建设大局，从战略高度优化提升长三角城市群，打造改革新高地、争当开放新尖兵、带头发展新经济、构筑生态环境新支撑、创造联动发展新模式，建设面向全球、辐射亚太、引领全国的世界级城市群。围绕这一总体定位，长三角城市群需靠六大功能定位来支撑：

一是最具经济活力的资源配置中心。主要指上海，要打造国际经济中心、国际金融中心、国际贸易中心、国际航运中心“四大中心”，建设中国（上海）自由贸易试验区，加快制度创新和先行先试，形成资源配置效率高、辐射带动能力强、国际化市场化法制化制度体系完善的资源配置中心。

二是具有全球影响力的科技创新高地。主要指上海、南京、杭州、合肥、苏州、无锡、宁波等中心城市，要瞄准世界科技前沿领域和顶级水平，建立健全符合科技进步规律的体制机制和政策法规，最大限度地激发创新主体、创业人才的动力、活力和能力，成为全球创新网络的重要枢纽，以及国际性重大科学发展、原创技术发明和高新科技产业培育的重要策源地。

三是全球重要的现代服务业和先进制造业中心。要求所有城市加快推进产业跨界融合，重点发展高附加值产业、高增值环节和总部经济，加快培育以技术、品牌、质量、服务为核心的竞争新优势，打造若干规模和水平居国际前列的先进制造产业集群，形成服务经济主导、智能制造支撑的现代产业体系。

四是亚太地区重要国际门户。这是对整个城市群的要求，服务国家“一带一路”战略，提高开放型经济发展水平，打造在亚太乃至全球有重要影响力的国际金融服务体系、国际商务服务体系、国际物流网络体系，在更高层次参与国际合作和竞争。

五是全国新一轮改革开放排头兵。这也是对城市群的整体要求，加快推进简政放权、放管结合、优化服务改革，统筹综合配套改革试点和开放平台建设，复制推广自由贸易试验区、自主创新示范区等成熟改革经验，在政府职能转变、要素市场一体化建设、公共服务和社会事业合作、体制机制创新等方面先行先试。在提升利用外资质量和水平、扩大服务业对外开放、集聚国际化人才、探索建立自由贸易港区等方面率先突破，加快探索形成可复制可推广的新经验新模式，形成引领经济发展新常态的体制机制和发展方式。

六是美丽中国建设示范区。这是对长三角地区广大城乡的要求，牢固树立并率先践行生态文明理念，依托江河湖海丰富多彩的生态本底，发挥历史文化遗产众多、风景资源独特、水乡聚落点多面广等优势，优化国土空间开发格局，共同建设美丽城镇和乡村，共同打造充满人文魅力和水乡特色的国际休闲消费中心，形成青山常在、绿水长流、空气常新的生态型城市群。

（三）推进长三角城市群合作

1. 深入实施合作机制，切实抓好统筹部署

20 世纪 90 年代初浦东开发开放后，长三角地区之间的合作需求增强，地方政府先后探索建立了城市经济协调会、经济合作与发展座谈会、主要领导座谈会等联席会议制度，目前已发展为由决策层、协调层和执行层构成的“三级运作、统分结合、务实高效”的合作机制。其中，决策层为三省一市主要领导座谈会，每年召开一次，审议、决定和决策关系区域发展重大事项，是最高层次的联合协调机制；协调层是以常务副省（市）长参加的长三角地区合作与发展联席会议，主要任务是做好主要领导座谈会筹备工作，落实领导座谈会部署，协调推进区域重大合作事项；执行层在领导座谈会和联席会议指导下，实行重点合作专题协调推进制度，通过召开办公会议和各专题组会议来运作，包括设在省（市）发展改革委的“联席会议办公室”“重点合作专题组”以及“长三角地区城市经济合作

组”。从城市层面来看，长三角城市间的主要协作平台是长三角城市经济协调会。1992 年成立长江三角洲 15 个城市协作部门主任联席会议制度，1997 年升级为长三角城市经济协调会，成员城市扩容至 30 个。上海市为常任主席方，每年各成员城市轮值担任执行主席。长三角城市经济协调会的市长会议每年召开一次，由市长或分管市长参加，常设联络处设在上海市人民政府合作交流办公室，负责协调会的日常工作。

2. 启动运行共同基金，积极推进合作项目

2011 年长三角主要领导座谈会审议通过《长三角合作与发展共同促进基金管理办法》，长三角合作与发展共同促进基金由上海、江苏、浙江和安徽三省一市政府共同设立，为政策性公益基金。首期规模 4 000 万元，三省一市各出资 1 000 万元，由长三角合作与发展联席会议办公室负责管理，在上海设立统一账户。基金主要用于两省（市）以上合作共建项目，解决跨区域发展过程中任何一方难以单独解决的重大问题，主要用于长三角地区两省以上合作的区域性重大课题、重要规划、重点方案研究编制，区域重大基础设施项目的前瞻性研究，区域（流域）生态环境保护治理及合作机制研究，区域创新体系建设和科技联合攻关，区域公共服务和信息系统共建共享，省际产业转移与园区合作共建研究，区域合作机制创新，以及其他有利于整合资源、改善民生、提升效率、促进区域一体化发展的项目。

3. 深化专题合作，着力提升合作成效

不断深化长三角地区交通、能源、信息、科技、环保、信用、人力社保、金融、涉外服务和城市、产业转移等重点专题合作，逐步深化合作内容。推动基础设施一体化建设，三省一市共同完成《长三角城际轨道交通规划》《长三角高等级航道网建设规划》等重大交通规划的编制和上报工作，实现区域间重要交通通道规划基本对接；协同推进宁杭客专、杭黄铁路、京杭运河、杭申线、芜申运河、徐明高速、宿扬高速、宁金高速、申嘉湖宣高速等项目前期和建设工作；积极推进长三角区域高速公路 ETC 互通。促进科技创新联动，不断深化科技平台建设，吸纳更多科学仪器设施（设备）加盟长三角大型科学仪器协作共用网、文

献信息网，构建长三角网上技术成果交易平台；促进长三角技术经纪人资质互认，实现“统一培训教材、统一培训标准、统一考试形式、统一认证”。协同推进环保生态合作，共同编制长三角大气污染联防联控规划，联动实施国家《太湖流域水环境综合治理总体方案》。构建统一开放的大市场，推进“信用长三角”网络共享平台建设，构建统一规范的长三角人力资源大市场，不断完善长三角地区领取社会保险待遇资格协助认证机制和工伤保险协作；此外，三省一市商务、工商、海关、检验检疫、国税及口岸等系统也建立了互动沟通机制。

4. 坚持区域“治理”理念，促进区域协作

自组织治理是一种通过多集团的对话、协调、合作以达到最大程度动员资源的组织方式，其最主要的特征是具有自发性，同时涉及多个利益相关者，其基础并非控制和统治，而是协商和协调。长三角城市合作中运用“治理”的理念。在工作机制上，长三角协调会在形成以上海为核心的区域合作平台的同时，实行年度执行主席的轮值制度，体现各城市平等参与区域合作公共事务的理念。各城市共同把持组织的话语权，充分反映各方利益，从而有利于发挥各成员城市的积极性、创造性和资源优势。同时，通过保持较高密度的议事协商制度，充分传递各方信息，传递国家和沪苏浙的高层决策动态，反映社会和企业的需求。在合作项目的达成和落实上，转变合作机制初步形成时依靠简单命令的做法，强调加强交流沟通并尊重会员城市的意愿和选择。长三角城市合作既为区域合作良性发展提供了保障，也孕育了城市群“治理”的理念和模式。

此外，每年编撰《长三角地区合作与发展报告》，向社会比较全面地展示长三角区域合作的年度工作成果和来年安排，促进形成区域合作的工作合力。为完善区域合作成效的分析和评估，初步构建了长三角地区合作与发展指标体系，提出了“合作”与“发展”两大类共 11 个二级指标，为长三角地区各级政府编制规划、制定政策以及企业运营提供决策依据和参考。同时，加强宣传领域的合作，多渠道、多形式、多方面地宣传展示长三角合作的做法与成效，积极引导社会各方共同参与、合力推动长三角合作持续深入推进。

二、长江下游地区各省城市群发展概况

（一）江苏省城市群发展概况

2000年，在经济全球化、区域化进程加快的形势下，江苏省委、省政府提出了构建南京都市圈、苏锡常都市圈和徐州都市圈的战略决策。现在，三大都市圈均取得较大成效。

1. 南京都市圈

南京都市圈位于长江中下游沿江城市地带核心地区，横跨苏皖两省，成员城市为南京、镇江、扬州、淮安、马鞍山、滁州、芜湖、宣城八市，包含31个市辖区、8个县级市和20个县，总面积6.3万平方公里。

南京都市圈作为长三角城市群的重要组成部分，要推动南京及其都市圈在长江经济带乃至全国的发展大格局中承担更大使命、发挥更大作用。要加快南京江北新区建设，建设江北综合交通枢纽。推动宁马、宁滁等跨省城际轨道交通建设，完善同城化交通服务，打造具有较强竞争力和影响力的国家级都市圈。要加强苏皖两省协调，支持南京都市圈内基础设施联合共建、产业体系优势互补、毗邻地区协调发展、生态环保联防联控和公共服务互惠共享。

南京都市圈建设的亮点是宁镇扬同城化。2012年江苏省发改委牵头组织《宁镇扬同城化发展规划》编制工作，经过深入调研、科学论证、集思广益、多轮修改，2014年3月形成《规划》送审稿，并在省政府常务会议上审议原则通过。同年8月10日省政府正式予以印发。近几年来，宁镇扬三市市长每年都要召开联席会，共同会商当年宁镇扬一体化的重点任务和重点项目。2014年8月1日起，南京、镇江、扬州三市公共交通IC卡率先实现互联互通，三市异地长居参保人员实现了异地就医结算。三市还共同签订《区域空气污染联防联控合作协议》，加快污染防治一体化进程。同时，扬州完成宁启铁路复线电气化改造工程并开通动车，推动连淮扬镇铁路开工建设，北沿江高铁、宁扬城际、扬马城际等纳入国家或区域相关发展规划。

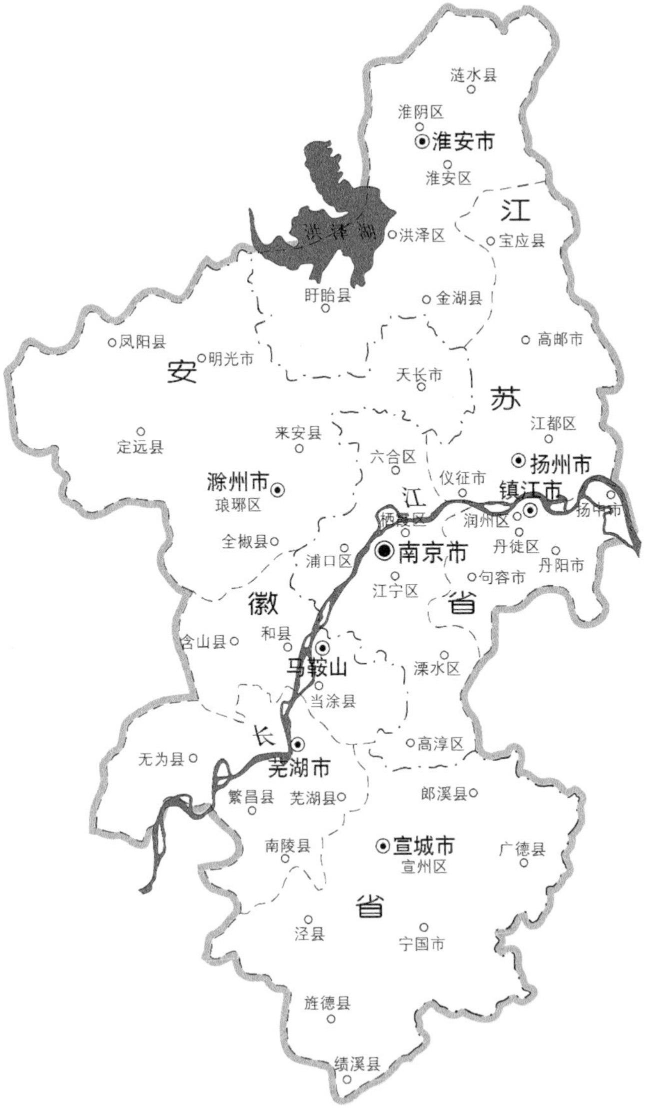

图 3.2　南京都市圈范围图

2016年初，江苏省领导又提出继续推进宁镇扬同城化、打造扬子江城市群。扬子江城市群的核心层是宁镇扬同城化，而宁镇扬三市都属南京都市圈。扬子江城市群与南京都市圈在江苏省相当大一部分是重合的，只不过是去掉了安徽省部分。实际上，南京都市圈跨省联动，更有利于长江经济带形成一个有机整体。

2. 苏锡常都市圈

苏锡常都市圈的概念早在长三角都市群规划之前便已存在，3 座江南城市早已合作多年。1983 年，“苏锡常”这一名词正式登上改革发展的舞台，随后在全国赢得很高的知名度、美誉度。苏州、无锡、常州构成的苏锡常都市圈，总面积约 1.9 万平方公里（含太湖水域面积 2 420 平方公里）。2002 年 5 月，《苏锡常都市圈规划（2001—2020）》经江苏省政府批准实施。这一规划是江苏省三大都市圈的第一个规划，也是国内首部经省级及以上政府批准实施的都市圈规划。

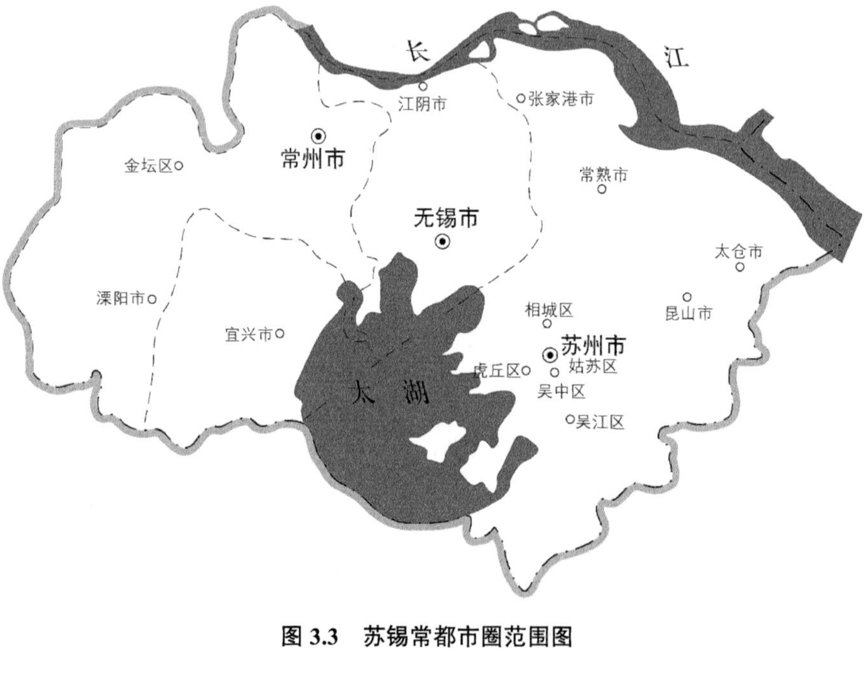

图 3.3　苏锡常都市圈范围图

《苏锡常都市圈规划（2001—2020）》要求以苏州、无锡、常州为核心优化区域城镇空间布局，加强都市圈内城镇布局网络化，统筹安排和积极推进区域性重大基础设施和公共设施的共建共享，加强特大城市与周边地区的各项联系，促进中小城市的合理集聚优化资源配置，避免重复建设，加强生态环境、人文环境的保护与建设。由于苏锡常的城市产业发展重点基本相同，基础设施的互联互通和产业的互补，而且三个城市的经济发展水平相近，历史文化相似，比较容易形成都市圈，实施同城化发展。《长江三角洲城市群发展规划》明确提出："推进南京、杭州、合肥、苏锡常、宁波等都市圈同城化发展。"

2015 年 GDP 排行所示，苏州在全国排名第 7，GDP 总量 14 400 亿元；无锡排名第 14，GDP 总量 8 500 亿元；常州排名第 34，GPD 总量也达到 5 200 亿元。苏锡常都市圈 GDP 总计 28 100 亿元，占江苏省 2015 年 GDP7.06 亿元的 39.8%。3 座城市均为二级地级市，这样的成绩在国内首屈一指。

近年来又有"苏锡常通城市群"的提法，就是苏州、无锡、常州加上南通。而南通与上海联系更为紧密，特别是两条过江通道建成之后。国家层面的文件提的依然是"苏锡常都市圈"。如国务院批复的《长江三角洲城市群发展规划》构建了长三角城市群"一核五圈四带"的网络化空间格局。"一核"是上海，"五圈"是指南京都市圈、杭州都市圈、合肥都市圈、苏锡常都市圈、宁波都市圈，"四带"是指沪宁合杭甬发展带、沿江发展带、沿海发展带、沪杭金发展带。应保留"苏锡常都市圈"用语，继续推进苏锡常都市圈同城化发展。

3. 徐州都市圈

徐州都市圈是江苏省规划的三大都市圈之一。地跨苏鲁豫皖四省，包括江苏的徐州市、连云港市、宿迁市，安徽的宿州市和淮北市，山东的曲阜市、滕州市、枣庄市、济宁市、微山县，河南省永城市。涉及总人口 3 188 万，面积 4.8 万平方公里。

2002 年 12 月底，江苏省政府批准了《徐州都市圈规划（2002—2020）》。2015 年 11 月，江苏省住房城乡建设厅启动《徐州都市圈规划（2015—2030）》修编工作。

通过以徐州主城区为核心、沿陇海线为轴线所构成的"点轴"空间结构，进一步接轨"长三角"。加强与周边省市互联互通，建立徐州都市圈的交通大枢纽。在旅游资源的共享上与周边城市加强合作，将徐州的两汉文化旅游、连云港的海滨旅游、商丘的古城旅游、台儿庄的军事旅游等连成一条条旅游线路，以整体优

图 3.4　徐州都市圈范围图

势吸引全国游客。以陇海—兰新铁路为主体的新亚欧大陆桥及其桥头堡连云港为依托，打造连接我国东中西三大地带的纽带与桥梁，形成发展外向型经济和与世界经济接轨的重要通道。

（二）浙江省城市群发展概况

1. 杭州都市圈

杭州都市圈位于长江三角洲城市群的南翼，由杭州、湖州、嘉兴、绍兴四市组成，共同打造长三角的“金南翼”。区域规划总面积 34 585 平方公里，占浙江省面积的 33.97%。2011 年底杭州都市圈总人口为 2 110.2 万，地区生产总值（GDP）达到 14 497.18 亿元，占全省生产总值（GDP）的 45.3%。2014 年经国家发改委批复，杭州都市圈成为全国经济转型升级的综合改革试点。2015 年，杭州都市圈实现生产总值 20 121.56 亿元，占全省的 46.92%，同比增长 8.7%。在全国都市圈中，增速仅次于上海、广州都市圈。

杭州都市圈建设的主要做法：一是建立协调机制。2007 年 5 月，杭州都市

图 3.5　杭州都市圈范围图

圈市长联席会议第一次会议在杭召开，此后基本上坚持一年一度。2016 年 7 月，杭州都市圈第八次市长联席会议在绍兴召开，共商进一步推进杭州都市圈建设的思路与举措。二是共建共享基础设施。铁路方面，杭州都市圈共规划 9 条城际铁路。其中杭州城区到富阳、临安、海宁、柯桥的 4 条城际铁路，将在“十三五”时期先行实施。此外还有向诸暨、安吉、德清、桐乡延伸的 4 条线。同时，还增加 1 条连接线，主要联系湖州南浔、桐乡、海宁。杭州将重点建设地铁 2 号线二期、4 号线一期、5 号线一期、6 号线一期工程。2016 年至 2020 年，将重点建设杭黄、商合杭、湖苏、通苏嘉、沪乍杭、杭台温、杭州湾铁路跨海大桥等重大项目。此外，杭州绕城西复线环山互通移建工程、杭宁高速公路湖州段改扩建工程、湖州市长湖申线西延航道整治工程、京杭运河浙江段三级航道整治工程（嘉兴段）、31 省道北延绍兴至萧山段工程（柯桥区段）等项目都将于 2020 年前建成。三是优化产业分工。杭州大力发展信息经济，推进智慧应用，努力建设国际电子商务中心、全国云计算和大数据产业中心、物联网产业中心、互联网金融创新中心、智慧物流中心、数字内容产业中心；湖州、嘉兴、绍兴等副中心城市根据产业基础建设特色优势产业集群核心区，形成在长三角甚至在全国具有影响力的智慧产业集群，共同打造智慧都市圈。四是建立健全开放型的区域合作机制，共同深化推进重点领域改革。加强杭州都市圈内杭州“自主创新示范区”“中国（杭州）跨境电子商务综合试验区”，嘉兴、湖州德清“多规合一”，绍兴在柯桥区推进的企业高效审批省级试点等重点领域改革的联动实施。五是主动接轨上海、南京、宁波等都市圈，构建交通便捷、安全、畅通、高效、绿色、智能的现代化交通体系。

2. 宁波都市圈

宁波都市圈包括宁波和舟山、台州，三市一起高起点建设浙江舟山群岛新区和江海联运服务中心、宁波港口经济圈、台州小微企业金融服务改革创新试验区，高效整合三地海港资源和平台，打造全球一流的现代化综合枢纽港、国际航运服务基地和国际贸易物流中心，形成长江经济带龙头龙眼和“一带一路”战略支点。

图 3.6　宁波都市圈范围图

《长江三角洲城市群发展规划》明确提出，要推动宁波都市圈发展，高效整合宁波、台州和舟山三地资源，加快协同发展，实现基础设施互联互通、生态环境联防联治、产业发展协同协作、市场要素对接对流、公共服务共建共享。

高效整合海港资源和平台，致力打造全球一流的现代化综合枢纽

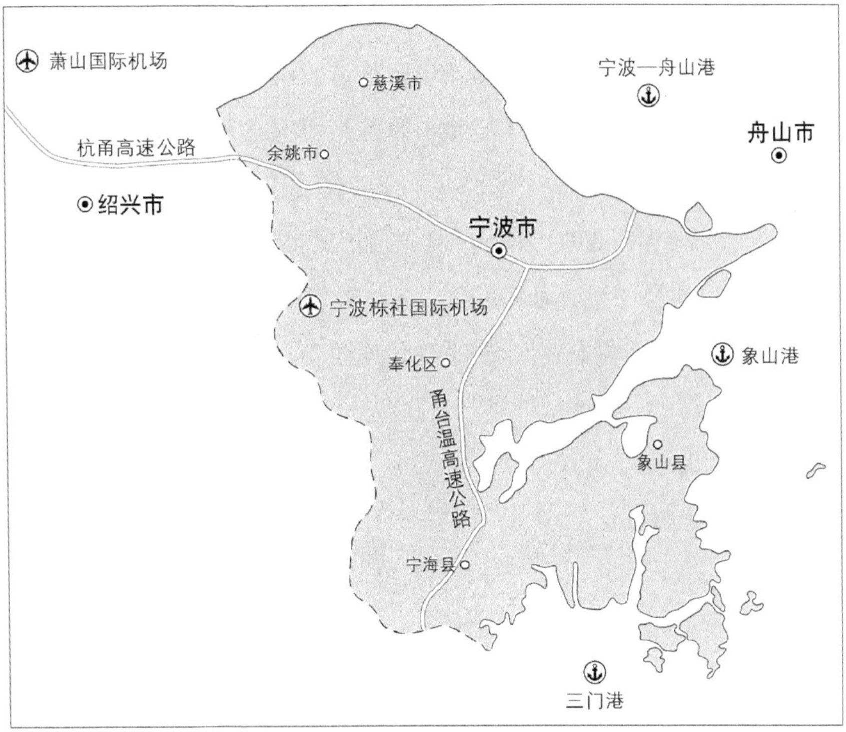

图 3.7　宁波都市圈交通资源示意图

港、国际航运服务基地和国际贸易物流中心，形成长江经济带龙头龙眼和“一带一路”战略支点。全面把握浙江海洋经济发展示范区和舟山群岛新区建设机遇，以港口开发为龙头，以海洋科技创新为支撑，促进海陆联动发展，成为长江经济带海洋新兴产业发展先导区和海洋科技创新引领区。充分发挥港口、开放、产业和功能等组合优势，主动对接苏皖两省沿江城市，谋划推进重大功能性平台、支撑性项目和创新性试点政策，构建“三位一体”港航物流体系，积极创建自贸区，全面提升对外开放水平和层次，立足浙江、服务全国、面向全球，成为长江经济带上对外开放和国际合作交流的重要门户。

宁波都市圈经济发达、旅游资源丰富，具有发展体育旅游产业的诸多优势。利用这些优势发展体育旅游资源的有效整合，促进产业的集群化发展，对提升宁波都市圈核心竞争力有重要的意义。

3. 温州都市圈

温州都市圈以温州中心城区以及瑞安、乐清、永嘉和洞头的中心城区为核心区，以平阳和苍南的中心城区以及龙港—鳌江组团构成平阳—苍南片区，初步形成“一核一片”的空间形态。

积极发展海洋经济。2011 年 2 月国务院正式批复《浙江海洋经济发展示范区规划》，温州被列为三大沿海都市圈之一。温州都市圈要借助区位优势，大力发展海洋新兴产业和海洋服务业，打造现代海洋产业体系，同时进一步加强海洋

图 3.8　温州都市圈范围示意图

海岛资源保护和开发，加快建设“海上温州”。

大力发展民营经济。充分利用民营经济发达、产业集聚基础雄厚等发展优势，重点推进电工电器、专用机械等技术含量高的产业，日用品、服装、鞋革、塑料制品及包装等高附加值传统优势产业发展；积极扶持港口物流、出口贸易、专业市场、金融、会展、旅游、信息咨询等现代服务业。

4. 浙中城市群

根据2011年浙江省政府批复的《浙中城市群规划（2008—2020）》，浙中城市群的范围为金华全市，包括婺城区、金东区、义乌市、东阳市、永康市、兰溪市、浦江县、武义县、磐安县9个县（市、区），土地面积1.09万平方公里。同时，考虑城市群功能的完整性，将丽水市、衢州市的部分区域作为协调区，强化其空间、产业、设施与金华市域的统筹协调。规划把金华定位为继杭州、宁波、温州之后第四大城市——浙江中西部中心城市。

2006年2月，金华市就成立了由市委书记任组长（2016年3月改由市长任组长）的浙中城市群建设领导小组；2011年8月成立由市政府主要领导担任主任的浙中城市群规划建设委员会；2012年，上述两个领导小组下设正处级的金华市浙中城市群工作办公室（与金华市规划局合署办公），并于2013年增挂金义都市区建设工作办公室牌子。

浙中城市群作为长江经济带的重要组成部分要发挥重要的作用：一是构建辐射长三角的物流中心。依托义务、金华两市的物流优势，打造四大物流中心。根据需要和建设条件，在沪昆、甬津、长深高速沿线产业带重要的产业集群发展区域，适时规划布局建设若干规模较小的物流活动聚集场所对接沿江物流。二是打造长三角南翼重要的先进制造业基地。依托高新产业区，重点发展高端装备制造、新能源汽车、电子信息等先进制造业，发展现代物流、电子商务等生产型服务业。三是明确城市群发展的突破口，建设金义都市区。正在崛起中的浙中城市群，各个城市的规模和功能还相对较弱，任何一个城市都难以单独成为带动区域

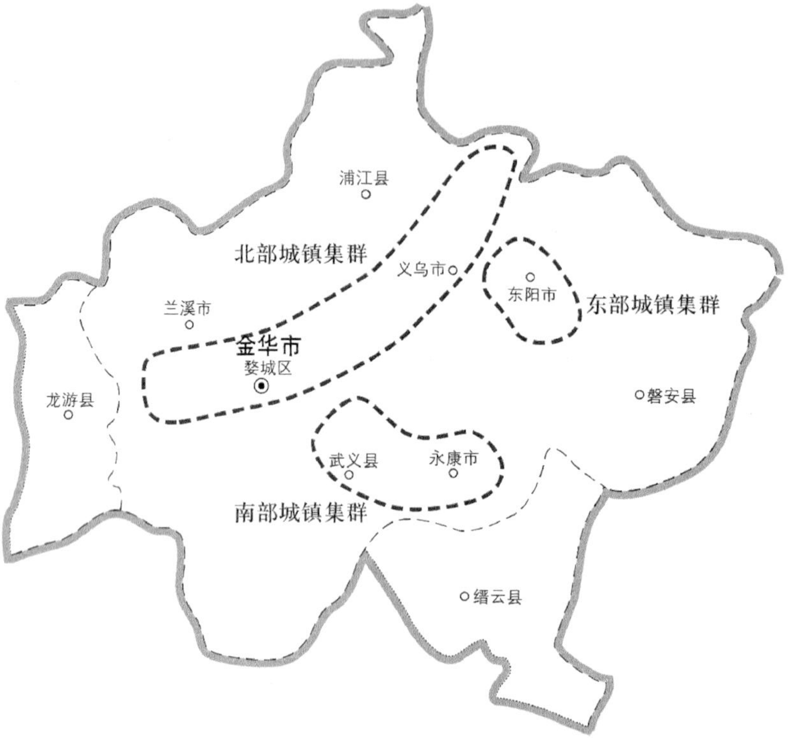

图 3.9　浙中城市群范围图

发展的核心城市。通过对浙中城市群城镇综合集聚指数的测算分析，结合各城市的发展态势和区位特点，将浙中城市群的核心城市确定为金华市区—义乌联合中心。① 金华市与省住建厅共同组织编制了《金华—义乌都市区规划纲要（2014—2030）》。四是打造长三角生态居住区。依托义乌江等优美的自然资源，融合深厚的人文底蕴，打造山水融合的人居区域。

（三）安徽省城市群发展概况

1. 皖江城市带

皖江城市带包括合肥、芜湖、马鞍山、安庆、滁州、池州、铜陵、宣城 8 个

① 陆立军、唐耀林：《浙中城市群综合集聚度及核心城市》，《经济地理》2008 年第 4 期。

地级市全境以及六安市的金安区和舒城县。土地面积 7.6 万平方公里，人口约 3 100 万。其空间布局为“折叠一轴双核两翼”：确立以长江一线为“发展轴”、合肥和芜湖为“双核”、滁州和宣城为“两翼”的“一轴双核两翼”产业布局，大力振兴发展装备制造业、原材料产业、轻纺产业以及现代服务业和现代农业，着力培育高技术产业，构建具有较强竞争力的现代产业体系，真正在承接中调整

图 3.10　皖江城市带范围示意图

产业结构，在转移中发挥示范作用。

2010 年 1 月，国务院批复《皖江城市带承接产业转移示范区规划》。2014 年 9 月，国务院将皖江城市带并入长江三角洲城市群。皖江城市带承东启西、连南接北，既是长三角产业发展共生圈的重要组成部分，是长三角城镇体系的延伸和补充，也是沿长江经济带中发达地区进一步扩张延伸与带动发展的纽带。

加快皖江城市带的发展，一是进一步做强汽车、冶金、化工、家电等优势产业，培育电子信息、生物、公共安全等高技术产业，发展物流、金融、文化、旅游等现代服务业，逐步增强长三角腹地的支撑作用，促进长三角加快发展，带动沿长江经济带协调发展。二是全面打造成长三角的优质农产品基地、能源原材料基地、交通物流基地、旅游休闲基地和高素质劳动力供应基地。三是充分利用承接产业转移示范区的政策和人才优势，不断提升皖江沿岸城市的竞争力，为东部腾出更大的发展空间，推动产业辐射和带动中西部沿江地区发展。

2. 合肥都市圈

2016 年 12 月 14 日，省十二届人大常委会第 35 次会议审议《合肥都市圈城镇体系规划（2015—2030 年）》。规划提出，将合肥都市圈（规划范围包括合肥、淮南、六安、滁州市和桐城市的全部行政辖区）打造成为“长三角重要增长极、安徽省核心增长极，国家重要的自主创新基地、现代产业基地，国家综合交通枢纽”。安徽省人民政府 2016 年 12 月发布的《长江三角洲城市群发展规划安徽实施方案》，明确提出要扩容升级合肥都市圈，增加芜湖、马鞍山市。

完善都市圈协调推进机制，形成区域增长新引擎。以合肥为中心，打造合滁宁、合芜马、合淮、合六、合铜宜产业发展带，推动创新链和产业链融合发展，逐步建立和完善产业链合作体系。推动圈内城市合作构建高水平、多功能、国际化的对外开放平台，加强与全球知名企业和城市的联系与合作，形成与国际投

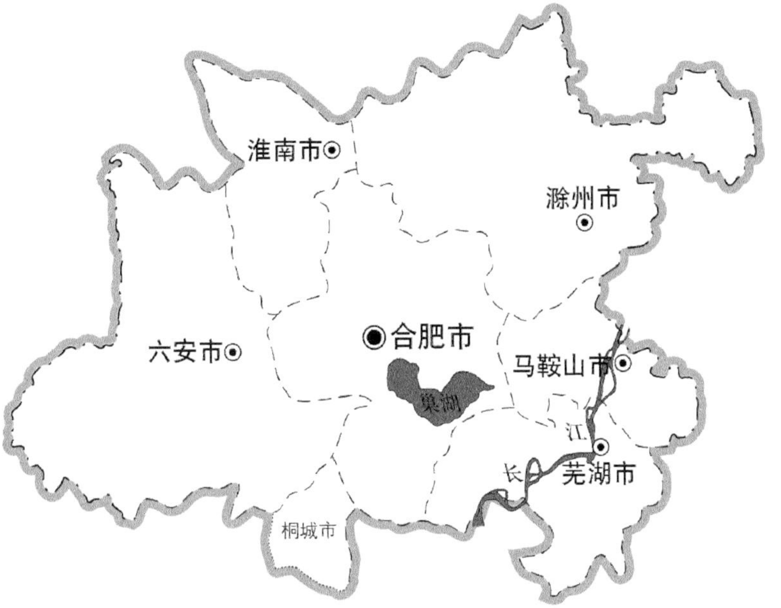

图 3.11　合肥都市圈示意图

资、贸易及要素流动通行规则相衔接的制度体系，建设具有较强影响力的国际化都市圈。加快基础设施一体化，建设覆盖圈内主要城镇、产业集聚区、重点风景区的轨道交通“1 小时通勤圈”，加强与省内其他经济区域、长三角及周边地区铁路连接，推动水利、能源、信息基础设施共建共享。共同打造优质生态圈，健全环境保护协调机制，加强环境污染联防联治，进一步改善区域环境质量。依托沪汉蓉、沿江交通廊道，围绕沪宁合杭甬发展带，加快合肥都市圈与南京都市圈融合发展，积极打造合芜宁成长三角，推动合肥、芜湖、马鞍山等市与上海、南京、杭州、苏州、宁波等合作发展。

3. 沿淮城市群

沿淮城市群由蚌埠、淮南、淮北、宿州、亳州、阜阳、六安七市组成，被定位为国家重要的能源与农产品加工基地、长三角制造业梯度转移的重要承接地、安徽省重化工主要集聚地。

培育发展沿淮城市群既是安徽省经济社会发展和中部地区崛起的内在需求，

图 3.12　沿淮城市群示意图

也是国家区域总体战略上空间布局的需要；目前，沿淮城市群尚处于起步阶段。今后，需要在新型城镇化战略指导下，结合地区实际，深化对沿淮城市群发展的若干重大问题研究。

一是作为长三角制造业梯度转移的重要承接地，沿淮城市群着力发挥其农产品的资源优势，加强棉、粮、豆、肉、毛、皮和中药材等农产品基地建设，为长江流域发展提供后勤保障。二是主动承接长三角沿海地区制造业转移，积极承接发展汽车零部件配套产业，推进煤矿机械加工项目建设，大力发展新型轿车轴承、高速铁路轴承、电机轴承等。三是深入推进辐射长江流域的化工基地建设。充分利用沿淮城市群资源丰富的特点，加快建设能源基地、化工基地、煤炭基地等。四是推进旅游产业化。充分结合淮河沿岸的历史遗迹和历史事件，开发淮河南段、蚌埠段、六安大别山旅游资源，重点发展当地的旅游业，开发富有地方特色的旅游商品和旅游线路。五是加强水环境综合整治。重点加强淮河干支流治理和河道整治，建设控制性水利枢纽工程等。

三、长江下游地区城市群的发展重点

（一）积极构建以城市群为主体的协同区与协同带

以生产力空间布局和城市空间布局的有效结合为目的，不断推动长江下游地区城市群与产业群、港口群的协同发展。以产业密集带作为城市群产业空间分布

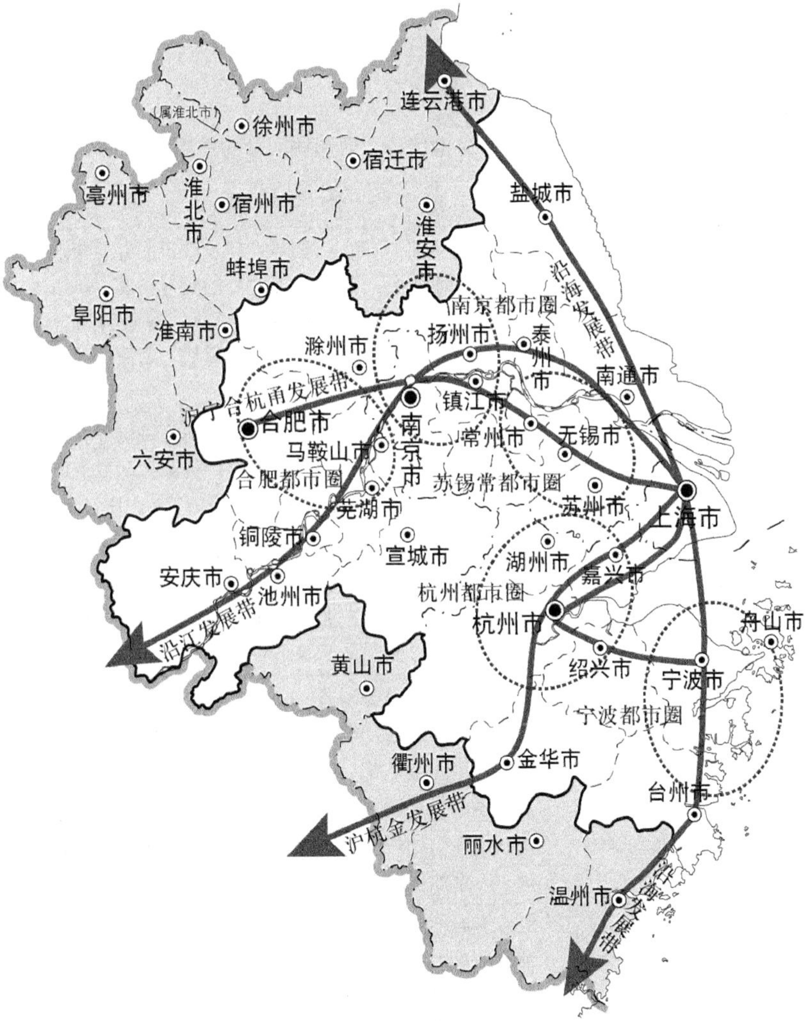

图 3.13　长三角城市群空间格局示意图

为主要支撑骨架，创新驱动产业在城市群地域空间内沿基础设施束（尤其是沿海布局和沿江布局）呈带状的高度集中分布格局。

一方面，要积极建立合理有效的产业空间组织系统，通过上海、南京、杭州、合肥、宁波等节点城市的联动，支柱产业配套、新兴产业共建、基础产业互补，实现产业链与城市链的有机结合、产业群与城市群的耦合、产业带与港口群的吻合。以整合区域资源为手段，使产业集群、港口群在合理的城市群内部获得共生共长的联动优势，形成产业群、城市群和港口群三位一体、互生互长的发展态势。

表 3.2　长江下游地区协同区和协同带的发展

协同模式	核心区（带）名称	协　同　方　式
四大协同区	以上海都市圈为中心的协同区	以生产性服务业集群、国际航运及港口服务业集群推动上海大都市圈功能升级，增强产业对外的辐射功能、城市的引导功能和港口的国际功能；以国际物流业为核心功能，综合发展加工、贸易、海运、理货、船代、货代、仓储、会展、信息、金融等业务的国际港口产业群。
	以南京都市圈为中心的协同区	以沿江新兴重化工经济带为支撑，加强城市外在性扩展，打造带状城市带和产业带；以扩充港口资源为动力，加强南京大都市圈沿长江流域向安徽辐射和扩展。
	以杭州都市圈为中心的协同区	以先进制造业集群、电子信息产业集群、现代医药产业集群等为主，推动现代制造业的发展；沿交通轴线重点发展临港产业，加强港口工业产业群建设，形成现代制造业与上海大都市圈生产性服务业互动发展格局。
	以皖江城市带为中心的协同区	以机械制造、设备制造、非金属矿物制造为主，推动现代制造业发展；加强沿江港口物流产业与上海都市圈与南京都市圈的对接与协作。
两大协同带	沿海协同带	形成上海都市圈、杭州都市圈、温州都市圈、宁波都市圈、徐州都市圈为轴线的沿海重化工产业带，加快组合港和城镇带建设，注重加强港口型中小城市建设。
	沿江协同带	形成上海都市圈、南京都市圈、苏锡常都市圈、皖江城市带为轴线的沿江装备制造、现代物流、精细化工、冶金加工和造修船等为支柱的现代制造业产业集群，打造成为基础产业发展带；注重城市群内涵式发展，加强沿江港口的分工协作。

另一方面，要不断推进长江下游地区产业群、城市群和港口群协同发展。探索建立四大协同区、两大协同带的发展模式，四大协同区为以上海为中心的协同区、以杭州都市圈为中心的协同区、以南京都市圈为中心的协同区、以皖江城市带为中心的协同区。同时，确定两大协同延伸区：沿海协同带北向延伸区和南向延伸区，即向北延伸到连云港和山东省所属港口、向南延伸到东南沿海港口。

（二）以疏解上海非核心功能为抓手深化城市群合作

长三角城市群"一城独大"的特征仍比较明显，为促进区域内城市形成有序的分工体系，应加快推进上海非核心城市功能疏解。上海应进一步发挥龙头作用，主动做减法，促进长三角城市群的职能分工体系优化重组。

一是充分把握上海新一轮城市总体规划编制的战略契机，紧紧围绕建设"全球城市"的战略目标，进一步聚焦全球资源配置中心、流量经济枢纽、科技创新中心等关系全球竞争力和影响力的核心功能；主动跳出自家"一亩三分地"，在长三角大格局中，疏解非全球城市的核心功能。在实施路径上，开放式编制上海新一轮城市总体规划，在战略研究、规划纲要、规划文本的关键内容的前期研究和汇报评审中，邀请长三角相关地区管理者、权威专家参与，加强功能定位、空间布局等的衔接。

二是开展长三角城市功能专题研究。由上海市牵头，组织三省一市权威专家，根据上海全球城市建设及长三角世界级城市群建设目标，深入研究长三角世界级城市群的城市职能分工体系。研究确定上海需要向外疏解的功能，以及通过协作共建更利于促进区域共同发展的功能。其他城市基于自身发展基础、资源禀赋优势和发展需求，研究确定可能承接的功能，以及实现的机制和途径等。

三是促进上海中心城区功能向周边城镇疏解。上海的人口、资源、环境承载力已接近上限，尤其是中心城区常住人口达 1 000 万，住房、交通、环境等压力凸显，下一步发展中需要突破行政区限制，完善与长三角城镇的同城化生活圈，将一部分居住、生活配套功能向外疏解。

四是促进长三角城市群从单中心向多中心转变，培育一个及以上具有较强国际竞争力的二级核心城市，与核心城市分工协作，共同引领长三角城市群加快建成综合实力领先的世界级城市群。

五是协同建设重大功能区。将上海“四个中心”（国际经济、金融、贸易、航运中心）、国际科技创新中心、自由贸易区等重要功能区建设，作为长三角城市群的共同目标，优势互补、分工协作、协同共建，实现国际竞争力和影响力的整体提升。

（三）加强长江下游地区城市群区域制度合作

首先，要加强城市群发展制度合作。重点围绕共同打造长三角世界级城市群，提高城市群综合竞争力，形成布局合理、功能齐全的制度协调机制。打破行政区划界限，加快长三角上海城市群、南京城市群、杭州都市圈、皖江城市带等次级城市群合作，加快推进交通“无缝衔接”、产业对接、创新平台共享等方面的建设。同时加强长三角城市群与次级城市群之间的制度协调。

第二，积极探索环境保护和群域生态补偿制度。健全三省一市环境保护工作交流和情况通报制度，定期通报和交流省市环境保护工作情况；建立环境信息共享机制，形成相邻区域环境应急和环境执法机制的正常化和规范化；联合制定区域生态建设和环境保护合作计划，联合做好黄浦江源头地区、太湖流域、杭州湾以及巢湖流域的环境保护。根据各地生态、资源禀赋统一规划各类主体功能区域，探索差别化的区域生态、资源利用政策，建立生态补偿机制。建立长三角城市群生态发展专项基金，重点支持跨区域的环境污染防控、生态环境治理修复以及生态保护补偿等。探索跨越行政区的长三角城市群生态补偿机制，对位于长三角城市群生态敏感区，因区域性生态保护需要而限制地方经济发展，在区域环境保护中承担生态保护功能、作出积极生态贡献的地区，予以合理的经济补偿。对城市群内低碳城市建设，予以有效的引导扶持。

第三，完善创新体系建设。共同创新制度供给，搭建创新共享平台。充分发挥上海都市区、南京都市圈、合肥都市圈人才和科技资源优势，率先建立以企业为主体、市场为导向、产学研有机结合的技术创新体系。大力提高原始创新、集成创新和引进消化吸收再创新能力，逐步形成以知识创新为基础、技术创新为重点、制度创新为保障、科技中介服务为纽带的城市群创新体系。以大型企业的研发机构为依托，整合高等院校、科研院所等科技资源，构建长江下游地区次级城市群企业技术创新和产业化平台。

第四，推进次级城市群之间社会事业制度合作。建立科学规范的劳动力流动制度，形成合理控制人口区域规模的区域性综合人口管理制度。加强上海与长江下游各城市群医疗卫生制度的协调，合理配置长江下游地区各城市群的医疗卫生资源、统筹城乡关系、提高区域公共服务的公平性。积极发展多元投资合作办学，鼓励发展次级城市群内高等教育机构的跨省市合作和跨省市发展，支持非公有资本参与非义务教育阶段公办学校的改制和重组，鼓励非公有资本投资建立高水准的高校，大力发展非学历培训。通过对社会保障、医疗卫生、文化、教育等制度协调，建立制度合作的体制与机制。

四、充分发挥上海超大城市的带动作用

（一）努力优化市域空间格局和功能

2016年8月，《上海市城市总体规划（2016—2040）》草案公示。根据规划，“主城区”包括中心城区和宝山、闵行、虹桥、川沙4个主城片区，是上海全球城市功能的主要承载区。“新城”有5个，即嘉定、松江、青浦、南桥、南汇，都要按照大城市（即100万人口以上）标准进行设施建设和服务配套，打造成长三角城市群中具有辐射带动能力的综合性节点城市。其中，嘉定新城以汽车研发及制造为主导产业，打造沪宁轴线上的西北门户节点城市；松江新城以科教和创新为动力，以服务经济、战略性新兴产业和文化创意产业为支撑，打造沪杭轴线上的西南门户节点城市；青浦新城以创新研发、商务贸易、旅游休闲为支撑，打造沪湖轴线上的节点城市；南桥新城以综合服务、科技创新为支撑，打造滨江沿海发展轴线上的节点城市；南汇新城以先进制造、航运贸易、海洋产

业为支撑，以自贸区创新、产业创新、智慧文化创新为动力，打造滨江沿海发展轴线上的节点城市。还规划建设多个“新市镇”，分为核心镇、中心镇、一般镇、中心城周边镇四类。核心镇有 2 个：金山滨海地区和崇明城桥地区，着重提升地方性服务功能，发展形成功能完善、产城融合、用地集约、生态良好的门户型节点城市。中心镇有 8 个：长兴、枫泾、朱泾、安亭、亭林、奉城、惠南、罗店。突出新市镇统筹镇区、街道、集镇和周边乡村地区的作用，促进城乡协调发展。

图 3.14　上海市城镇体系图

为建成卓越的全球城市，应从“海陆空”各个方面提升上海对外交通能力，强化亚太航空门户枢纽地位：一是要提升航空枢纽能级。拓展浦东国际机场的设施规模，着力提升浦东、虹桥机场保障能力，至 2040 年上海航空枢纽设计年客运吞吐能力 1.6 亿—1.8 亿人次，旅客中转率、国际客流比例提高至 20%—25% 和 40% 以上；货邮运量 1 000 万吨左右。二是要推动国际海港枢纽功能升级。至 2040 年上海港集装箱吞吐量保持在 4 500 万标箱（TEU）左右；拓展国际邮轮航线，年客运吞吐量达到 500 万人次左右。巩固提升国际海港枢纽地位，支撑长江经济带、海上丝绸之路发展，提高港口国际、国内中转能力，上海港国际货物中转比例达 15% 以上。三是优化完善港口功能布局。上海港形成以洋山深水港区、外高桥港区为核心，杭州湾、崇明三岛等港区为补充的格局，其中洋山深水港区是上海国际航运中心集装箱深水枢纽港区、国际远洋集装箱班轮的主靠港。突出江海联运，加快高等级航道和配套港区建设发展，至 2040 年水水中转比例达到 60% 以上。四是要增强铁路枢纽辐射服务能力。强化上海铁路枢纽作为国家铁路网主枢纽的地位，实现铁路占对外客运比重达到 65% 左右。优化京沪、沪汉蓉、沪昆等既有铁路通道服务容量和品质，加快推进沪通铁路、沪乍杭铁路、沪杭城际铁路等规划铁路，规划新增沪苏湖铁路，研究控制北沿江铁路和沪甬铁路。五是要继续优化完善客货枢纽布局。在保留虹桥站、上海站、上海南站的基础上，结合强化浦东国际机场对外衔接的功能需求，新增国家沿海通道上的上海东站，拓展浦东对外交通格局。

（二）加强长三角一体化同城化步伐

1. 构建区域创新体系，助推上海科创中心建设

聚焦国家长江经济带战略和创新驱动发展战略，聚焦长三角创新驱动产业转型升级的战略需要，着力围绕产业链部署创新链，围绕创新链完善资金链、人才链、服务链，推动体制机制创新和创新创业生态系统建设，构建具有国际竞争力和影响力的区域创新体系。

一要在重大科技设施、重大科技攻关项目上形成区域协同布局。上海、南

京、杭州、合肥都拥有全国排名前十的著名大学，都拥有中科院系统的若干研究所和央企所属国家级研究所。要充分发挥这些著名大学和著名研究所的科技创新优势，着力建设体现特色优势的国家试验室，在此基础上努力建设世界级实验室，在关键技术的原始创新上形成全球影响力。

二要在围绕产业链部署创新链上形成区域创新中心和基地的协同布局。上海、南京、杭州、合肥等地不仅集中了很多“体制”内的大学和科研院所，还有众多各种类型的研发机构如外资研发机构、民办研发机构等，要推动各个大学、科研院所、各类研发机构参与到各地的产业创新行动中去，通过合作共建模式，在各个制造业中心和基地，搭建公共服务平台，创办新型研发机构，促进科技创新资源扩散，放大科技创新溢出效应。在制造业高度集聚的城市，着力建设国家级的制造业创新中心。

三要在系统推进全面创新改革试验上形成协同布局。要以上海自贸区建设、上海全球科创中心建设、张江和苏南的国家自主创新示范区、安徽和上海的全面创新改革试验区等国家级改革创新部署为契机和发动机，在科技金融创新、人才引进、科技成果转化、知识产权、国资国企、开放创新等方面，推进一批重大创新改革项目，形成一批可复制可推广的创新改革经验，破解科技成果产业化机制不顺畅、投融资体制不完善、收益分配和激励机制不合理、创新人才制度不健全等瓶颈问题，持续释放改革红利，推动经济增长动力加快由要素驱动向创新驱动转换。

2. 建设城际轨道交通，共建上海国际航运中心

在高铁和跨海跨江大桥建设的推动下，近年来长三角的交通条件已经发生翻天覆地的变化，但与东京、巴黎、纽约、首尔等相比差距仍然较大，其中最大的差距就在于城际轨道交通不发达，从大城市到绝大部分中小城市（县级市），城际轨道仍为空白；再是交通枢纽，现在除了上海的虹桥大型交通枢纽功能很突出外，其他大中型城市的交通枢纽明显薄弱，特别是各个枢纽之间没有形成层级鲜明、有机链接的交通枢纽体系。

要继续推进上海大都市圈建设，构建与苏州、无锡、南通、宁波、嘉兴、舟

山等地区协同发展格局，形成90分钟交通出行圈，突出同城效应。目前与苏州的同城化建设推进力度最大。苏州在建的轨道S1线和4号线将与上海11号线、17号线接轨，未来上海市民或有望乘坐地铁前往苏州旅游，苏州市民也可以乘坐地铁到上海逛街。长三角地区将进入城际轨道建设加速阶段，对交通联网提出了更高的要求，因为轨道交通本身要覆盖大区域、形成大流量，并与城市地铁、高速公路、高架道路系统链接，才能确保盈利，确保系统有效。关键要积极推进长三角地区城际轨道和交通枢纽的整体规划，消除各自为政，争取形成区域一张图；同时也要积极推进跨地区合作建设和整体运营，消除断头路，改各段收费为跨城通勤，提高同城效应创造发达的交通体系。

要发挥长三角城市群通江达海的区位优势，依托长江黄金水道，促进江海联运和多式联运发展，共建上海国际航运中心。一方面要深化落实上海国际航运中心“一体两翼”的发展战略。从国家层面支持大、小洋山统筹开发，打破行政区划界限，探索大洋山港开发的体制机制，适应长江经济带开发带动集装箱和货源不断增长的需求。打破行政壁垒，以市场方式和手段促进上海港与江苏港口和浙江港口联合发展，形成“一体两翼”港口合作与发展格局。另一方面要加快推进舟山“江海联运服务中心”建设，实现江海联运发展。根据国务院《关于依托黄金水道推动长江经济带发展的指导意见》，完善港口集疏运通道，实施长江黄金水道和江海联运发展。

3. 重组城市功能，优化空间开发格局

积极借鉴京津冀协同发展中北京疏解非首都功能的新理念，疏解上海非核心城市功能，调整错配的产业布局，疏解过度集中的资源配置，通过功能和资源的空间优化，释放更多发展能量，推动长三角地区的转型升级和城市群共同体建设。在南京都市圈、杭州都市圈、合肥都市圈、苏锡常都市圈、宁波都市圈等各个都市圈，既要实现都市圈中心城市与上海这个核心城市的功能有效分工，也要推进都市圈内部的城市功能重组，让圈内的各个县级市获得科学的城市功能定位和特色优势产业支撑，强化都市圈的整体合力。

城市功能重组，既有部分产业的空间布局优化，也有创新功能和公共服务功能的组合。比如上海可以把更多劳动密集型电子信息加工组装产业转移到江苏的苏北地区和安徽地区，既可以腾出更多的建设用地用于高科技研发和智能制造产业，又可以降低外来人口过多流入的压力；同时对于苏北地区和安徽地区，可以为当地的工业化、新型城镇化提供有力的产业支撑。又如上海高度集中了大学和医院的优质资源，而周边城市恰恰在大学和医院方面非常薄弱，如果这些资源扩散出去，不仅可以丰富和提升周边城市的大学和医疗水平，而且上海也可在对外扩散中实现大学和医院的空间拓展。再如，上海非常看重国际航运中心建设，但目前以标箱为衡量的建设目标，标箱越多，高速公路上的集卡压力和环境污染压力也越重，而宁波、南通也有很好的港口条件，上海完全可以把一些集装箱航运功能转移过去。各个核心大城市要从更加有效利用宝贵土地资源，改善生态环境，提升城市品质，以及带动区域发展的战略层面，更加积极主动地重新考虑城市的功能定位和产业承载的结构与规模，在周边多培育造就一些发达的中小城市，构建分工合理、功能协同的现代化城市群。

4. 加强联防联治，共建共享生态

要真正建立起完整的联防联治体系和机制，确实有很多工作要做，尤其在当前的行政区划体制下，更有很多瓶颈障碍需要突破、需要创新。首要任务是各地政府必须树立两点共识：一是长三角要成为发达的富裕地区，区域生活环境的品质是其重要的衡量标准。各个地区都要把生态优先、绿色发展落实到产业的转型升级和美丽城市、美丽乡村建设中去。二是长三角的环境保护和治理，是一个共同体。随着人口、物流同城效应日趋明显、产业的地区合作越来越紧密，城市之间的环境影响也越来越大，越来越明显。上海的一些产业转移到其他地区时，也必然会把部分的污染转移出去，但其他地区存在污染时，通过水流、空气也会延伸到上海，所以在环境保护和治理上，必须摒弃狭隘的地方主义，树立大局观，加强合作、主动合作。

促进生态环境协同治理，是当前和未来一段时期长三角各地必须共同努力、取得实效的重要任务。一是推进全方位协同。所有的城市都应进入协同治理体系，严格遵守生态底线，坚决执行国家层面制定的长三角区域发展规划及功能区布局规划，认真落实三省一市四方达成共识的生态环境治理规划和行动计划。在生态环境治理的各个环节推进协同、共防共治，包括共同规划、共同监测、共同处罚、共同建设、共同出资、共同补偿等。二是推进一体化防控。在生态环境治理的关键环节建立健全一体化的机构和防控机制。比如可以考虑设立长三角生态环境治理委员会，建立长三角一体化的环境规划、环境标准和环境监测平台。建立长三角生态环境基金，在环境污染源头治理、流域性生态环境修复工程上推进一体化建设，对区域性生态保护功能区建设建立一体化的经济补偿等。

（三）发挥对长江流域和全国的带动作用

1. 带头提升长江黄金水道功能

2013 年 3 月 28 日，国务院总理李克强在上海港考察时提出，要发挥上海港位于长江黄金水道的龙头作用，辐射带动沿江港口和中上游腹地的进一步发展。他对上港集团董事长说：我国最大的能够运用内河航运的就是长江，你是长江口，你要把你的管理经验、投资力量，向沿江顺江而上，带动沿江地区的开发；长江能建港的地方，希望都能看到你们的踪影。三个月前的 2012 年 12 月 28 日，李克强赴江西九江考察，这是他在十八大后第一次到地方考察调研。他在九江港视察时指出：长江作为我国最大的能够航运的内河，利用好它，将带动沿江周边省份经济的快速发展。

要积极推动上海港与长江港口合作与发展。鼓励上海港口物流企业以市场化方式参与沿江港口的建设和运营，建立以港口码头（点）为基础，以内支线运输（线）为纽带的港口格局。促进上海国际航运中心与武汉长江中游、重庆长江上游的航运中心的联动发展。发挥“五定班轮”航线的示范效应，形成以上海港为终端，辐射长江流域的物流网络（面）。通过“点、线、面”的配合，提升上海港口服务能级，发挥上海国际航运中心的辐射功能。

2. 构建新型分工体系，共建世界级产业集群

未来长江经济带的产业分工，将不再表现为行业定位分工、企业大小分工，而是价值链导向下的产业链条分工。除了一些环保、资源等特定条件约束外，地

区间的产业分工和合作将分段进行。大城市人才、信息集聚，但商务成本较大，必然从事产业高附加值的部分，包括需要核心技术支撑的研发、制造、高端服务，以及掌握市场的营销环节；中小城市商务成本较低，必然从事产业的中低端部分，尤其是加工、组装，这样一个产业在空间上将分为若干部分，一个企业在部门上将配置在不同的空间。指导这一空间分工布局的，是产业、产品的价值链。

随着交通条件的进一步改善，按产业价值链条进行空间分工将成为长江经济带深化产业分工和合作的重要依据和路径。无论是大城市，还是中小城市都要适应、对接这样一种产业的空间布局调整和合作趋势。大城市要把产业发展的重点真正调整到高端服务业和高端制造业，并为中小城市承接产业转移提供更好的服务；中小城市要发挥好土地、劳动力成本优势，积极承接产业转移项目，上海要主动作为，充分利用好南京、杭州、合肥、武汉、长沙、南昌、重庆、成都、贵阳、昆明等大城市的商务、资金、人才、科技优势，加强重大关键技术攻关、重大技术产业化和应用示范，提升产业竞争力，联合打造电子信息、高端装备、汽车、家电、纺织服装等世界级制造业集群。

3. 强化创新和开放示范功能

创新驱动是推动长江经济带产业转型升级的重要引擎。要牢牢把握全球新一轮科技革命和产业变革机遇，大力实施创新驱动发展战略，着力加强供给侧结构性改革，在改革创新和发展新动能上做“加法”、在淘汰落后过剩产能上做“减法”。

长期以来，上海是公认的全国经济中心。但现在内涵应有所完善，不能简单理解为制造业中心、商贸中心。上海应是以技术创新和技术应用为主导的先端制造业，或称为高新技术产业的开拓者、先行者，具备全球科技创新和科技成果产业化的引领功能，是融“创新”与“制造”功能为一体的全球“智造”基地或中心。

发挥上海及长江三角洲地区对全流域乃至全国的引领作用。加快复制推广上海自贸试验区改革创新经验。将上海自贸试验区打造成服务贸易创新政策先行区。鼓励上海及长三角地区重点发展高端产业、高增值环节和总部经济，加快培育以技术、品牌、质量和服务为核心的竞争新优势，率先打造开放型经济升级版。推动长三角与中上游地区共同构建航运、加工贸易和金融合作链条。率先构建引领跨境电子商务和国际贸易发展的规则体系。

第四章　长江中游地区城市群的发展战略

长江中游地区城市群，既包括跨省的、属于“大城市群”级别的“长江中游城市群”，也包括武汉城市圈、长株潭城市群、环鄱阳湖城市群等包含在长江中游城市群中的次级城市群，还包括独立于长江中游城市群之外的赣南城市群等。本章重点研究长江中游地区（湖北、湖南、江西）这几类城市群的发展战略。

一、长江中游城市群的发展概况

（一）长江中游城市群基本情况

长江中游城市群，是以武汉城市圈、环长株潭城市群、环鄱阳湖城市群为基础整合形成的特大城市群。范围包括：湖北省武汉市、黄石市、鄂州市、黄冈市、孝感市、咸宁市、仙桃市、潜江市、天门市和襄阳市、宜昌市、荆州市、荆门市；湖南省长沙市、株洲市、湘潭市和岳阳市、益阳市、常德市、衡阳市、娄底市；江西省南昌市、九江市、景德镇市、鹰潭市、新余市、宜春市、萍乡市、上饶市，抚州市东乡县、临川区，吉安市新干县，共涉及31个市，总面积约

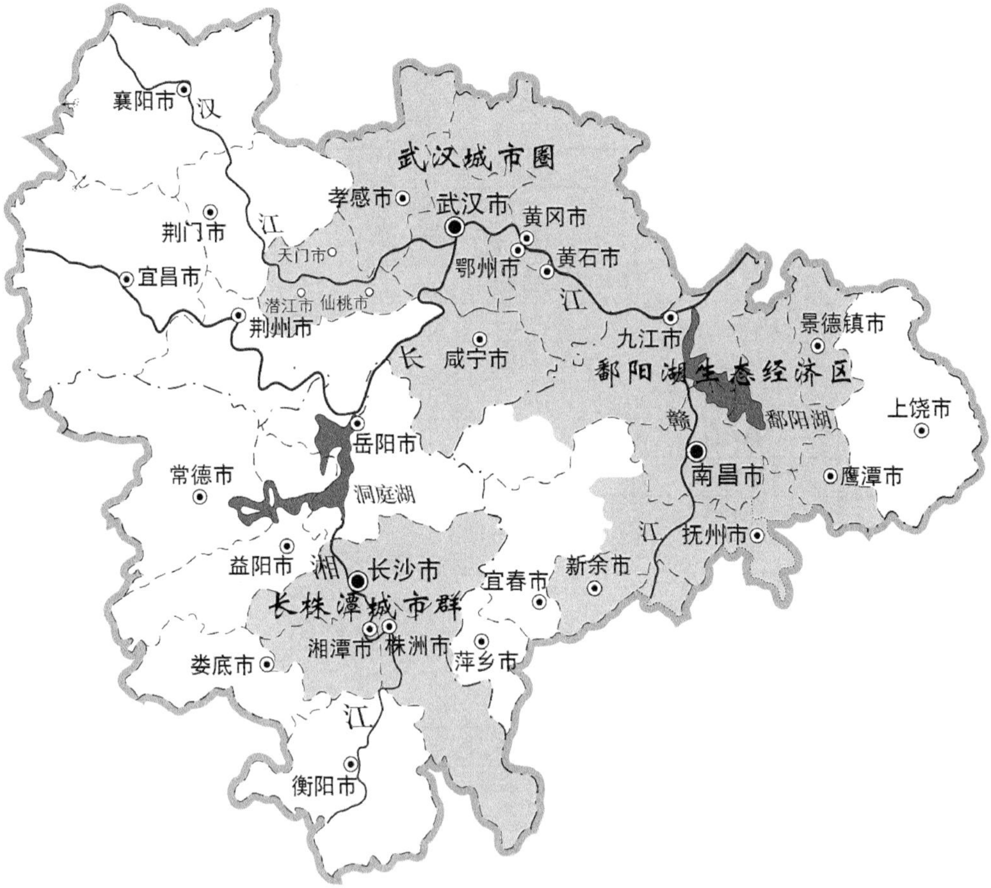

图 4.1　长江中游城市群范围图

31.7 万平方公里，占全国总面积的 3.3%；人口 1.21 亿，约占全国 8.8%。由于三个省会城市群几乎呈等边三角形分布，长江中游城市群又称“中三角”。

近年来，长江中游城市群大力开展科技创新，积极发展高附加值、高技术含量、高效益、低消耗、低排放的先进制造业和战略性新兴产业，推动制造业与现代服务业融合发展，是我国重要的现代产业基地和全国重要创新基地。2015 年实现地区生产总值 6.65 万亿元，占全国的 9.83%。

表 4.1　2015 年长江中游城市群各城市 GDP 及构成

单位：亿元

城　市	地区生产总值	第一产业增加值	第二产业增加值	第三产业增加值
武　汉	10 905.60	359.81	4 981.54	5 564.25
黄　石	1 220.00	69.54	675.88	474.58
鄂　州	730.01	84.66	422.44	222.91
黄　冈	1 589.24	379.62	618.42	591.20
孝　感	1 457.20	259.45	705.76	491.99
咸　宁	1 030.07	178.59	500.47	351.01
仙　桃	597.61	87.99	318.14	191.48
天　门	440.10	76.93	221.46	141.71
潜　江	557.57	70.81	286.59	200.17
襄　阳	3 382.10	402.10	1 922.90	1 057.10
宜　昌	3 384.80	370.31	1 986.41	1 028.08
荆　州	1 590.50	353.09	695.05	542.36
荆　门	1 388.46	201.32	728.94	458.18
长　沙	8 510.13	341.78	4 478.2	3 690.15
株　洲	2 335.1	179.5	1 337.1	818.5
湘　潭	1 703.1	140.8	933.8	628.5
岳　阳	2 886.28	317.16	1 446.83	1 122.29
益　阳	1 354.41	251.41	570.31	532.69
常　德	2 709	355.2	1 237.5	1 116.3
衡　阳	2 601.57	395.84	1 161.02	1 044.71
娄　底	1 291.38	189.19	663.12	439.06
南　昌	4 000.01	172.00	2 180.00	1 648.00
九　江	1 902.68	140.75	1 014.59	747.24
景德镇	772.06	57.22	437.58	277.25
鹰　潭	639.26	49.4	382.57	207.29
新　余	946.80	55.95	527.93	362.92
宜　春	1 621.02	236.04	848.6	536.38
萍　乡	912.39	62.95	517.23	332.11
上　饶	1 650.80	222.80	803.40	624.60
抚　州	1 105.14	181.82	549.3	374.02
吉　安	1 328.52	217.4	657.28	453.74
总　计	66 542.91	6 461.43	33 810.56	26 270.87

资料来源：2015 年各市统计公报，抚州和吉安采用的是全市数据。

（二）长江中游城市群的战略定位

2012 年 8 月，《国务院关于大力实施促进中部地区崛起战略的若干意见》明确提出要促进长江中游城市群一体化发展。2013 年 9 月，国家发改委启动规划编制工作。2015 年 3 月，《长江中游城市群发展规划》正式获批，明确了“一极三区”的战略定位。

一是中国经济新增长极。改革开放以来，长三角、珠三角、京津冀被公认为中国经济发展的三大增长极，但都在沿海地区。长江中游城市群是第一个被国务院明确为新增长极的，可以说就是“第四极”。要加快转变经济发展方式，实施创新驱动战略，发展壮大先进制造业，提升现代服务业水平，积极培育战略性新兴产业，大力发展现代农业，把长江中游城市群建设成为具有全球影响的现代产业基地和全国重要创新基地，提升城市群综合实力和竞争力，打造长江经济带重要支撑，带动中西部地区加快发展。

二是中西部新型城镇化先行区。要探索与东部沿海异地城镇化不同的模式，优化城市空间形态和空间布局，提高城镇综合承载能力，促进城镇发展与产业支撑、就业转移和人口集聚相统一，建设与山脉水系相融合的宜居宜业城市，打造农业转移人口“就近城镇化”典范，在全国率先建立城市群一体化发展模式。

三是内陆开放合作先行区。以长江黄金水道和重要交通通道为纽带，依托中心城市和产业基地，畅通内外联系，加强与长三角、珠三角、京津冀、成渝等地区的合作互动，构建统一开放的市场体系和高水平的对外开放平台，深化全球合作和国际交流，打造内陆地区全方位、多层次开放合作的先行示范区。

四是“两型”社会建设引领区。以武汉城市圈和长株潭城市群全国“两型”社会建设综合配套改革试验区为基础，加快资源节约型与环境友好型社会建设，推动形成绿色低碳的生产生活方式和城市建设管理模式，建立跨区域生态建设和环境保护的联动机制。构建以幕阜山和罗霄山为主体，以沿江、沿湖和主要交通轴线绿色廊道为纽带的城市群生态屏障，建设城市群“绿心”。扩大绿色生态空

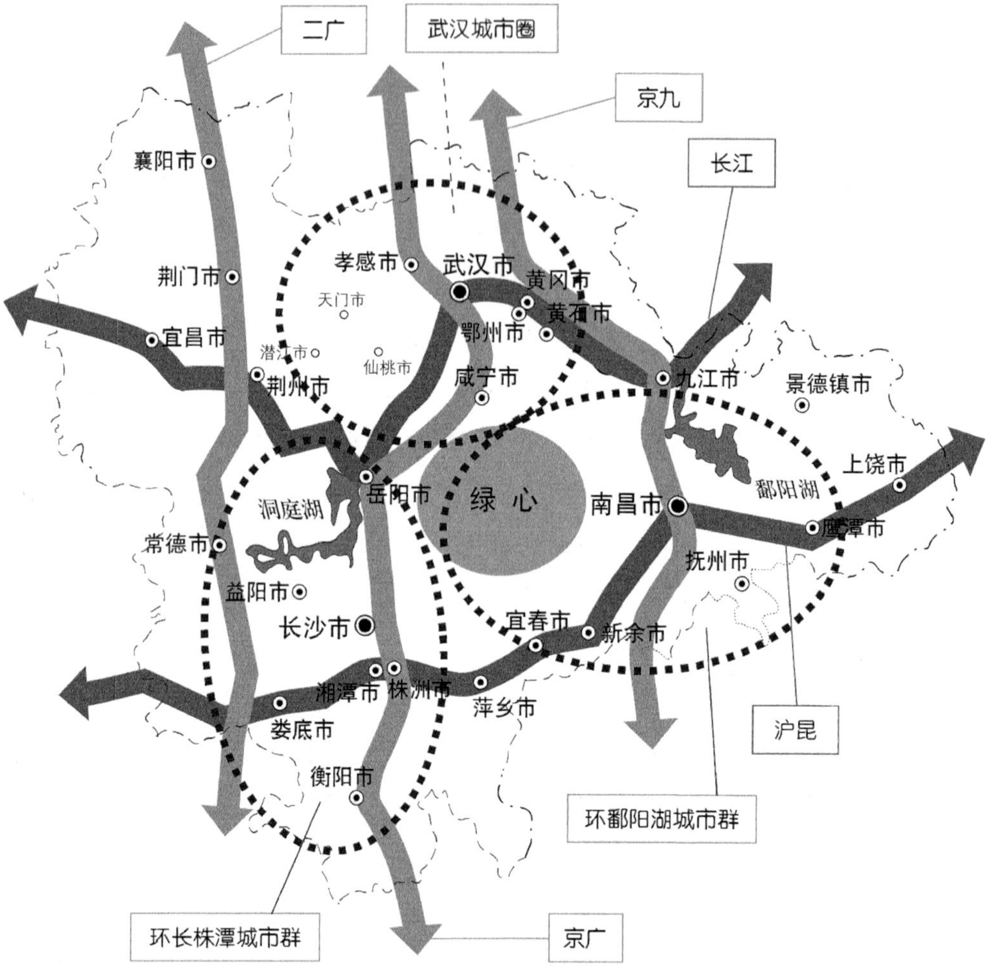

图 4.2　长江中游城市群绿心位置及空间格局图

间，打造具有重要影响力的生态型城市群，为全国“两型”社会和生态文明建设积累新经验，提供典型示范。

（三）推进长江中游城市群合作

2012 年 2 月，湖北、湖南、江西三省共同启动长江中游城市群建设。2015 年 3 月国务院批准印发《长江中游城市群发展规划》以后，《湖南省贯彻落实国家〈长江中游城市群发展规划〉实施方案》于当年 8 月由省政府公布实施,《江西省贯彻落实〈长江中游城市群发展规划〉实施方案》也在编制过程中，湖北省也制定了相关措施。目前，长江中游城市群在交通、商务、旅游等方面的建设取得较大进展，特别是省会城市合作和毗邻地区合作取得了明显成效。

1. 推进交通合作

2012 年 2 月 4 日,《推进设立长江中游城市群综合交通运输示范区合作意向书》在武汉签订。之后，湖北、湖南、江西三方合作加快。2014 年 9 月，武汉、长沙、南昌等市交通部门共同研究启动编制城市群综合交通规划，打造国家级综合交通枢纽，就建立交通运输合作联席会制度、发展规划合作机制、道路运输行政执法协助机制、公路信息交流合作机制等签署协议。

高速公路大通道建设强力推进。新建成大广南、九江长江公路大桥及连接线，杭瑞、武深高速通城至界上段、江南等高速公路，湖北迅速打通至湖南省际高速出口 4 个，至江西省际高速出口 3 个。早在 2012 年 5 月 31 日，长江中游城市群综合交通运输示范区推进联席会在武汉召开，商定建立长江中游甩挂运输联盟、统一的 ETC 结算清分制度和体系。近几年的公路建设，大大方便了三省人民群众，也使得三省的民间联系更为紧密。以 2017 年江西春运数据来看，为期 40 天的春运期间，江西省界高速车流量总数 10 674 137 辆次。江西与湖北省往来最为密切，总共车流量有 2 293 803 辆次；其次是与广东省往来较多，车流总量为 1 996 112 辆次；再次是湖南，出入两省的车流量总数为 1 861 654 辆次。在江西运往各省的车流量总数中，湖北以 1 507 385 辆居第 1 位，湖南以 1 113 646 辆居第 2 位。春运期间，周边各省到江西来的车辆仍是湖北居第 1 位，进入车辆为 786418 辆；湖南则居第 2 位，进入车辆为 748 008 辆。

合力加快铁路建设。武汉首趟“汉新欧”班列常态化开行后，邀请长沙、南昌、合肥参与铁路国际货运班列项目合作，湖南、江西等邻近省份货源纷纷通过武汉抵达欧洲。三省共同推进内蒙古西部至华中地区铁路煤运通道建设。这一通道由湖北荆州 2009 年提出的“准荆铁路”演变而来，即建设北起内蒙古鄂尔多斯市准格尔东胜煤田，途经陕北神木府谷煤田，终点为荆州市长江口岸，后来湖南也因缺煤要求延伸到岳阳，江西以同样理由要求延伸到吉安。最终线路有所优化，并定名为“蒙华铁路”，于2015年9月全线开工，此前一些控制性工程已先期建设。蒙华铁路建成后将大大缓解华中煤炭调入压力，增强湘鄂赣三省煤炭保障能力。为了避免北上货物太少的问题，三省还共同研究采取“南粮北调”“南菜北送”“南果北运”等措施，力争做到南下和北上货物的大致均衡。2017年9月21日，武汉至九江客运专线开通运营，武汉至九江（庐山）仅1个多小时，到南昌2小时。武九客专是国家规划的“五纵五横”综合运输走廊的重要组成部分，西起武汉，经鄂州市、黄石市后至江西九江市，位于沪汉蓉通道和沪昆通道间，横向连接路网中的纵向主干线——京广铁路与京九铁路通道，是湖北等中西部地区至皖南、赣、闽、浙的便捷通道之一。全长224公里，设17个车站，线路最高时速250公里，初期共开行26对长途动车，其中包括8对高铁。武九客专全线贯通后，将武汉城市圈和鄱阳湖生态经济圈相连，大大缩短了武汉至南昌的时空距离，促进长江中游城市群一体化进程，带动沿江旅游景点的开发，推动沿线地区经济发展。

联手推进长江航运建设。共同推进长江安庆到武汉6米、武汉至宜昌4.5水深航道建设，共同开辟“中三角班轮”并坚持常态化运作，完善江海直达线路，共同建设过江通道。2015年5月6日，湖北监利县政府与湖南岳阳市政府达成协议，将洞庭湖至三江口水域砂石过驳基地整体迁移至监利县白螺镇水域。2017年11月3日，长江中游航运中心港航联盟在武汉成立，来自湖北、湖南、江西三省12座城市的115家港航企业和行业主管单位加盟，共谋资源共享、沟通协作、抱团发展，助推鄂湘赣港口航运企业转型升级。港航联盟是由武汉港航发展集团发起成立的非垄断、非营利组织，以鄂湘赣三省长江干线为重点，辐射江汉平原、环洞庭湖和环鄱阳湖地区。长江中游集聚了6个国家级主要港口、1个航运中心和近30个地区性重要港口，承担了沿江地区85%以上的大宗货物和外贸货物运输，是长江经济带重要经济增长极。但多年来，各港航企业发展各自为政，恶性竞争问题突出，转型升级活力不足。成立联盟旨在推进区域间港口、航运、物流企业联动发展，打造利益共同体。联盟成立大会还通过了《长江中游航运中心港航联盟“绿色宣言”》，提出围绕创新、协调、绿色、开放、共享五大发展理念，推动长江中游港口航运绿色、集约、高效、合作发展，共同谱写中国梦“长江篇”。2017 年 12 月 12 日上午，长江中游城市群水运合作第三次联席会议在长沙召开。三省还将共商拓宽水运发展方式，推动水上旅游开发，研究共享三省旅游航道发展规划、近期建设成效，交流探讨水运公共锚地规划建设、渡口渡船改造、便民码头建设等水运公益性发展工作。在航道建设方面，淞虎航道将于 2018 年开工建设，三方将共同推进渌水航道工程前期工作，打通新的跨省水运通道。此外，三省还将合力推进长江中游港口群一体化发展，交流三省推进区域港口一体化发展的经验和问题，探讨规范非法码头的规范整改办法。三省还将实现航运市场监督检查信息共享，探讨运力结构调整方向，加强小型客运船舶经营资质管理工作。针对水运污染防治研究，湘鄂赣三省将继续加强长江、鄱阳湖、洞庭湖等自然保护区水运污染防治经验交流，着力提高内河港口码头污染防治能力。加快推进长江干线水上 LNG 加注站点建设，推进船舶油改气、港作机械油改气工作。

2. 加快商务合作

2012 年 2 月 24 日，湖北省、湖南省、江西省商务部门召开长江中游城市群商务发展第一次联席会议，三省确定不断深化商务合作。2015 年 5 月 19 日，召开湘赣鄂三省暨长江中游城市群商务合作座谈会，签署湘赣鄂共建“中三角”、打造“第四极”商务合作协定。2015 年 7 月 23 日，江西获批成立“中三角商品交易中心”，为区域要素市场的发展增添新动力。

2015 年 7 月 30 日，商务部市场司、三省商务厅负责同志在武汉召开了长江中游区域市场发展规划编制工作座谈会，会后确定由湖北省社科院专家具体承担规划编制工作。2016 年 10 月，规划成果在北京通过了专家评审。2017 年 11 月 1 日，商务部在湖北省社科院召开《长江中游区域市场发展规划（2017—2020 年）》座谈会。座谈会首次向社会公开发布了《规划》全文。规划提出到 2020 年主要实现以下目标：一是城乡消费规模明显扩大。社会消费品零售总额达到 5 万亿元左右，年均增长 10% 左右。批发零售住宿餐饮业增加值达到 1.4 万亿元左右，年均增长 10% 左右。二是现代化水平明显提升。流通成本进一步下降，效率明显提高。电子商务交易额达到 5.3 万亿元左右，年均增长 15% 左右。网上零售额达到 4 300 亿元左右，年均增长 20% 左右。实体商业加速转型，线上线下深度融合，服务消费、绿色消费占比扩大，流通信息化、标准化、集约化水平大幅提升。三是企业竞争力明显增强。培育年销售额 10 亿元流通企业 200 家，培育 150 个电子商务产业示范基地，150 个物流产业集群。流通企业创新创业能力显著增强，组织化程度大幅提高，整合供应链水平明显提升，品牌影响力扩大，走出去步伐加快。四是营商环境明显改善。三省统一市场建设取得初步成效，城乡市场一体化取得显著进步，规则健全、统一开放、监管有力、协调高效的内贸流通体制机制基本形成。法律法规和信用体系更加完善，综合执法效能提高，以诚信兴商为主的商业文化逐步彰显，市场秩序更加规范，市场管理更加完善，市场环境更加优化，城乡居民消费更安全、更方便、更实惠。

2017 年 11 月 3 日，长江中游城市群（咸、岳、九）+ 打击侵权假冒工作协作联动第一次联席会议在湖北咸宁市召开，湖北省、湖南省、江西省“双打”办和咸宁市、岳阳市、九江市、荆州市、黄冈市、常德市、黄石市“双打”办，咸宁市“双打”工作领导小组成员单位等代表参加了会议。会议认真学习贯彻十九大精神，贯彻落实国务院《关于新形势下加强打击侵犯知识产权和制售假冒伪劣商品工作的意见》《2017 年全国打击侵犯知识产权和制售假冒伪劣商品工作要点》和《长江中游区域市场发展规划》，签署了《长江中游城市群（咸、岳、九）+ 打击侵权假冒工作协作联动框架协议》。长江中游城市群打击侵权假冒工作协作联动机制是长江中游 7 个城市“双打”办共同努力、协商协作搭建起来的一个扩展合作、增进了解、沟通情况、协作联动的重要平台，是对省际区域协作的重要补充，将有力促进 7 城市打击侵权假冒工作的信息共享和协同联动，消除交界区域监管空白地带，对侵权假冒商品的生产、流通、销售形成全链条打击，为建设长江中游城市群法治化营商环境作出应有的贡献。

3. 开展产业合作

旅游业在长江中游城市群产业中率先突破。2012 年 2 月 10 日，湖北、湖南、江西三省旅游局签订合作协议。2014 年 5 月 18 日，在武汉举行的第七届华中旅游博览会上举办长江中游城市群旅游合作主题活动，武汉、长沙、南昌等省会城市旅游局或旅游协会相关负责人共同为“中三角旅行社联合体大联盟”揭牌，签订“互送百万市民畅游中三角合作协议”，共同推出涵盖长江中游地区主要旅游景区的 35 条优惠旅游线路。2015 年 5 月 19 日，长江中游城市群旅游部门在“中国旅游日”活动上，正式推出“长江中游城市群旅游年卡”，实现 200 元即可全年无限次畅游中三角 40 多家景区。

其他行业也纷纷参与产业一体化进程。尤为可喜的是，民营资本也积极投入产业一体化发展。如湖北格林美公司在江西、湖南建立电子废弃物回收超市，实施对电子废弃物的规范、阳光收集，现已辐射 100 多个县市。湖北著名民营企业——卓尔控股集团，在湖南建设长沙物流总部基地。该项目总投资 12 亿元，着力吸引国内大型企业湖南分部、湖南省内中型企业总部入驻，同时成为卓尔控股旗下汉口北国际商品交易中心分销平台和阳逻港货物收集平台。

政府部门加强产业合作激励。2015 年 4 月，由工信部牵头，湖北、湖南、江西三省经（工）信部门共同参加的长江中游城市群产业一体化战略合作论坛在武汉举办，建立五项产业一体化战略合作机制，未来三省以石化和汽车为突破口加强产业合作。这是制造业近期合作的重点，应尽早实现突破。2015 年 7 月 23 日，湖北省委常委会决定，设立总规模为 2 000 亿元的长江产业基金。其中，省级财政初步出资 400 亿元，向金融机构、大型国有企业、知名投资机构等定向筹集 1 600 亿元，这 2 000 亿元为母基金。今后还将以一定方式向社会发布募集需求，吸引更多的金融资本和社会资本参与子基金设立，对母基金的资本再放大，力争最终达到财政出资资金 10 倍左右的放大效应。湖北省将充分运用好长江产业基金，用于推动长江经济带建设和长江中游城市群发展。

4. 深化区域合作

首先，省会合作作出了示范。继 2013 年 2 月在武汉召开长江中游城市群省会城市首届会商会后，又先后在长沙、合肥、南昌召开第二、三、四届会商会，发布了《长沙宣言》《合肥纲要》《南昌行动》，省会城市合作取得积极进展。2014 年 6 月 12 日，“长江中游城市群省会城市第二届科技合作联席会”在长沙召开，提出未来五个方面的任务，要求促进四市科技合作向“多元化、常态化、实效化”方向发展。2015 年 2 月 6 日，在合肥举办了第三届会商会，围绕“深化合作、共赢未来——新常态下加速长江中游城市群一体化发展”主题，就深化四省会城市合作进行了深入的协商和探讨，提出了重点合作任务，包括建立住房公积金异地使用合作机制，构建水上“高速航道”，建立环保“黑名单”制度，严禁“黄标车”四市相互转籍，社保关系可无障碍跨地区转移接续，共享企业质量信用信息，建立打假联动机制，建立招投标异地远程评标系统等。随着国务院批复的《长江中游城市群发展规划》的正式公布，合肥已不在长江中游城市群范围内，但四省会将在长江经济带的框架下继续开展合作，原签订的合作协议继续实施。合肥及皖江城市带为长江中游城市群与长江三角洲城市群的融合发展作出了积极贡献，对长江经济带的形成起到了独特作用。

其次，毗邻地区合作进一步深化。2012 年，咸宁、岳阳、九江作为三省接壤地级市，联合发起共同打造“小三角”。2015 年，咸宁通城县、岳阳平江县、江西修水县，作为“小三角”的核心三角，共同建设“通平修试验区”，推进深度合作。同时，促进湖北荆州与湖南岳阳、常德、益阳共建洞庭湖生态经济区，2014 年 4 月 14 日，国务院批复《洞庭湖生态经济区规划》，四市合作更加紧密。2014 年 5 月 13 日，湖南省株洲市党政代表团赴江西省萍乡市考察，并出席赣湘开放合作试验区战略合作框架协议的签订仪式，此举标志着赣湘合作迈上新台阶。目前，株洲正与萍乡就交通基础设施、旅游、园区、市场、物流等领域展开全面合作。先期分别布局“赣湘开放合作试验区湘东园区”和“赣湘开放合作试验区上栗园区”。后期将朝着“一区跨省、多园运作”模式发展，向实行“共同管理”的区域管理模式迈进。在“赣湘开放合作试验区”平台内，双方将充分利用现有优惠政策，承载对方的所有项目或者优惠政策向对方开放，变互相竞争关系为互相合作关系。

二、长江中游地区各省城市群发展战略

（一）湖北省城市群发展战略

湖北省围绕武汉、宜昌、襄阳“一主两副”三个中心城市建设三个城市群：武汉城市圈，宜荆荆城市群，襄十随城市群。

1. 武汉城市圈

“武汉城市圈”由湖北省社会科学院学者2001年底提出。由武汉以及周边黄石、鄂州、孝感、黄冈、咸宁、仙桃、潜江、天门等8个中小城市构成的武汉城市圈，总面积5.6万平方公里，人口3 000多万。2015年GDP完成1.85万亿元，占全省的62.6%。

近十年来，武汉城市圈重点推进五个一体化建设。一是推进交通一体化。已建成武汉至咸宁、至黄石、至黄冈、至孝感等城际铁路。武汉城市圈环线高速公路东西环进一步完善，并在全省率先实现村村通客车。二是推进产业一体化。产业双向转移和产业协作逐步活跃。武汉、孝感、黄冈、潜江等市在汽车、化工、纺织、临空经济等多个产业上进行有序流动与双向转移，形成了多个优势产业集群；圈内跨区域的“园外园”共建合作已达20家。三是推进市场一体化。进一步健全了工商登记注册机关的协调联动机制。市场主体冠名已基本实现同城化，圈域内异地冠名武汉市行政区划的企业超过1 000户。基本实现信贷资源在城市圈内自由流动和合理配置，信贷市场、票据市场、支付结算、金融信息、外汇服务等一体化初见成效。积极搭建武汉城市圈银企合作平台，开展集中营销，2015年组织召开重点项目银企对接，项目企业共获得银行授信支持442亿元。四是推进生态环境保护一体化。建成17个跨界断面水质自动监测站。规模化推广应用可再生能源。制定并组织实施《武汉城市圈可再生能源建筑应用发展规划（2015—2020年）》，大幅提高可再生能源在建筑中的应用比例。五是推进基本公共服务一体化。教育、科技、卫生、文化、体育、旅游、信息、社会保障等一体化建设不断推进，初步实现资源整

图 4.3　武汉城市圈范围示意图

合、共建共享。重点支持武汉市优质卫生资源向圈内其他城市转移。目前，同济等医院托管了黄石、咸宁、鄂州市及汉川等市人民医院。武汉城市圈公共文化服务体系基本完备，实现城市圈公共图书馆的文献通阅服务，尝试通借通还。

2. 宜荆荆城市群

2010年初，湖北省政府开始推动宜荆荆城市群建设。宜荆荆城市群范围包括宜昌、荆州、荆门3市26个县市区，总面积约4.65万平方公里，2015年宜荆荆城市群常住人口 1 347.83 万、GDP 总量分别为 6 363.8 亿元，分别占全省的 23% 和 21.5%。

宜昌、荆州、荆门基本呈等边三角形分布，三市的中心城区距离不足 100 公里。在继续做强三个中心城区的同时，通过新区建设强化三市空间相向发展。一是宜昌三峡新区向荆州方向拓展。目标是打造一个集承接长江下游转移产业和中上游转移人口、优化提升三峡船闸通过能力、促进三峡区域生态环境保护等诸多功能于一体的国家级新区。二是荆州李埠新区向宜昌方向发展。利用华中农业高新技术产业开发区品牌，依托太湖港农场、李埠镇，以公路、水运为集疏运，荆州市两江转运节点区域、物资集散中心，同时带动产品包装、农副产品加工产业发展的新型临港城区。三是荆州纪南生态文化旅游区向荆门方向发展。四是荆门漳河新区向宜昌方向发展。五是荆门纪山产业集中区与荆州纪南文化旅游区和荆州城区对接发展。

湖北省社会科学院学者于 2002 年提出“宜荆荆城市群”这一概念，2016 年

图 4.4　宜荆荆城市群范围图

初该院又开始承担宜荆荆城市群规划编制工作。编制专家认为，要打造宜荆荆城市群，首先基础设施要一体化，三地可考虑建设城际铁路，开通城际列车，加强三地人流、物流的联系和往来，实现航运、水运、铁路运输等资源共享一体化。在产业合作上，最容易突破的是旅游业，三地都是三国文化，荆门和荆州都是楚文化发源地，目前宜昌的旅游业发展很好，荆州、荆门也不错。可利用宜昌旅游在全省的领先地位和国内外的品牌效应，互推互介，合作共赢。其次就是磷化工合作，充分利用三地丰富的磷矿资源，以荆门的新洋丰肥业、宜昌的宜化集团等大公司为提托，把“宜荆荆”建成全国重要的磷化工基地。再次开展电力合作，宜昌有水电，荆门有火电，城市之间可针对不同情况进行互补。同时，宜昌、荆州、荆门必须抱团发展，这样可以提升三个城市在全省乃至全国的影响力。

3. 襄十随城市群

由襄阳、十堰、随州三市组成的襄十随城市群，总面积 5.29 万平方公里，人口约 1 100 万，2015 年 GDP 总量为 5 467 亿元。2010 年与宜荆荆城市群同时被纳入当年省《政府工作报告》。经省政府同意，襄十随城市群规划也于 2016 年初启动，与宜荆荆城市群规划编制工作同步进行。

襄十随城市群的发展，应突出特色，以汽车产业为突破口加大推进一体化发展的力度。长江经济带新兴城市群能否具有活力、生命力，能否走出一条新路，关键在于特色产业集群的能否崛起。而襄阳、十堰、随州三大汽车城趋于一体化发展，恰好具备了这一前提条件。近年来，三大汽车城还加快与外资外企全面合作的步伐，促进汽车产业与高新技术产业结合基础上的优化升级。如世界 500 强企业中有 5 家入驻襄阳高新区，东风汽车集团与沃尔沃集团共同投资在十堰组建商用车合资公司，美国高士集团建设随州现代化国际汽配城等。

襄阳市要抓住汉江生态经济带上升到国家层面的机遇，优化提升中心城区“一心四城”空间形态和功能布局，以东津新区为核心积极创建国家级汉江新区，加快推进高新区产城融合发展，强化对全市经济的核心引擎作用，确保主要经济

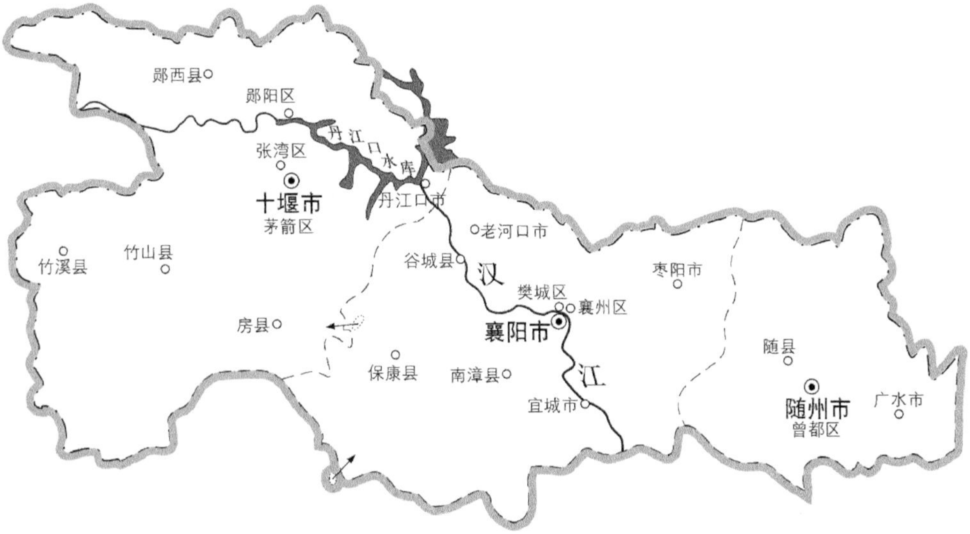

图 4.5　襄十随城市群范围图

指标占全省及汉江流域的比重持续提升，努力建设汉江流域中心城市。

襄阳、十堰两市要联手打造丹河谷城市组群。丹江口、老河口和谷城依汉江毗邻而立，三地城区彼此距离很近。丹河谷城市组群是襄十随城市群的有机组成部分。加大丹河谷城市组群建设力度，有利于襄十随城市群一体化发展。

（二）湖南省城市群发展概况

1. 长株潭城市群

湖南是新中国最先由政府推动城市群建设的省份，早在 1984 年就开始推进长沙、株洲、湘潭经济区建设（后称为“长株潭城市群”）。2006 年以后，范围扩大到岳阳、常德、益阳、衡阳、娄底五市，称为“3+5 城市群”，后定名为“环长株潭城市群”。

长株潭城市群位于京广经济带、泛珠三角经济区、长江经济带的结合部，具备建设区域性中心城市群、影响和辐射四方的区位优势。一是率先成为全国“两型社会”建设示范区，成为重要的先进制造业基地、高技术产业基地和现代服务业中心，成为具有湖湘文化特色的现代化生态型城市群。二是完善基础设施

图 4.6　长株潭城市群范围图

条件。缩短城市群内部的时间距离，加强与外部联通。三是推进生态环境保护工作。妥善处理长江与洞庭湖的关系，增强洞庭湖调蓄能力，有效保护湿地和物种。扎实推进长株潭城市群的生态“绿心”、湘江流域综合治理、洞庭湖区生态环境保护等重大“两型社会”项目。四是加强水系管理，发挥最大效益。合理调度水资源，发挥最大作用。

2. 岳阳城市圈

岳阳是湖南唯一临长江城市。《湖南省“3+5”城市群城镇体系规划》中提出建设岳阳城市圈。其范围是：岳阳主城区、临湘市区、岳阳县城。

岳阳城市圈建设基础较好。岳阳城陵矶港是湖南唯一通江达海的深水口岸，城陵矶综合保税区、进口肉类指定口岸、汽车整车进口口岸、进口粮食指定口岸、固废进口指定口岸“一区四口岸”全部获批。岳阳城市圈抢抓机遇，通过融入长江经济带、对接“一带一路”，力争将岳阳打造成湖南对外开放第一门户。其次，借助洞庭湖生态经济区上升为国家战略的机遇，做大岳阳城市圈。岳阳是洞庭湖生态经济区最早的呼吁者、建设的发起者。在洞庭湖生态经济区 4 个地级市中，岳阳市辖区非农业人口最多，GDP 最高，是名副其实的首位城市。

为发挥岳阳辐射带动作用，应打破省界，吸纳湖北部分县市参与岳阳城市圈建设。湖北的洪湖、监利、石首和赤壁，与岳阳经济社会联系十分紧密，特别是隔江相望的洪湖市螺山镇、监利县白螺镇急切地希望融入岳阳城市圈。通过建设

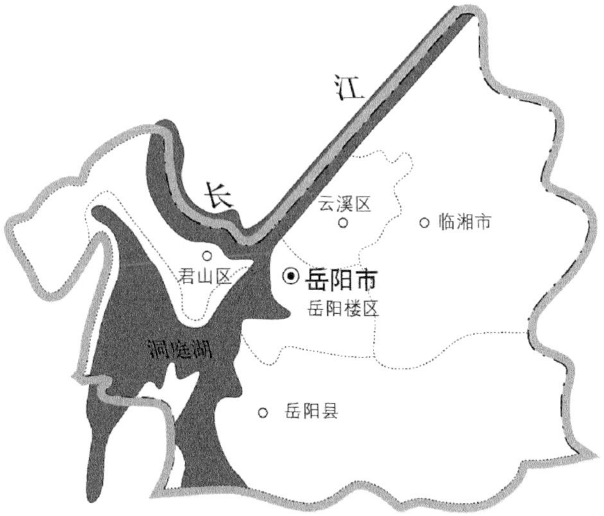

图 4.7　岳阳城市圈范围图

跨省界的城市圈，可将岳阳从“3+5”城市群的次中心上升为长江中游城市群的副中心。①

3. 常德都市圈

根据《湖南省“3+5”城市群城镇体系规划》，常德城市圈包括常德主城区、临澧县城、桃源县城、石门县城。

不过，这一范围偏小，至少还应加上澧县、津市市。

近期，常德市明确提出，以常德市区（武陵区、鼎城区及德山开发区）为中心，以澧县、津市为副中心，以长张高速和207国道为发展轴，辐射带动全市加速发展。澧县、津市位于湘西北，洞庭湖西岸，地处澧水下游澧阳平原，彼此相距很近，可共同建设湘鄂边界的中心城市。随着长江经济带、洞庭湖生态经济区

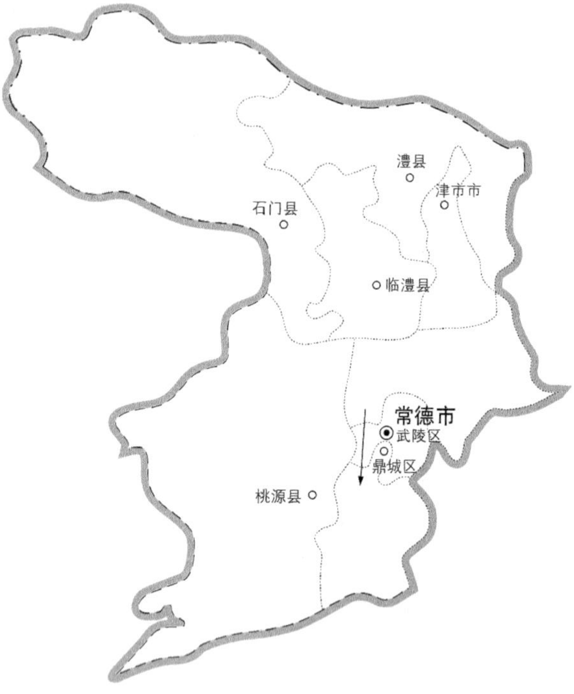

图 4.8　常德城市圈范围图

① 秦尊文:《建设跨省界的城市圈》,《人民日报》2015 年 10 月 8 日，第 14 版。

等国家发展战略的实施，常德市澧县、津市两县市的战略地位显著提升。为了积极配合并落实国家发展战略，澧县、津市大力推进融城化建设，共建湘西北增长极，已成为两地社会经济发展的必然趋势。

为加快常德城市圈建设，进一步完善常德交通网络。加快黔张常高铁建设，力争长益常高铁开工建设，做好宜常高铁、常岳九铁路前期工作。力争益常高速复线、宜石张高速项目开工建设。加快桃源陬市、津市窑坡渡码头建设，完成沅水浦市至常德、澧水澧县至茅草街航道整治，启动鼎城蒿子港建设。加快石门杨岭岗大桥、津市澧水二桥等通道建设。

4. 衡阳城市圈

根据《湖南省“3+5”城市群城镇体系规划》，衡阳城市圈包括衡阳主城区、衡阳县城、衡山县城、衡南县城、衡东县城。

增强中心城区辐射能力。积极推进中心城区区划调整，衡阳县应尽快改区。启动城市轨道交通前期工作，加快推进怀邵衡铁路衡阳段、瓦松铁路及湘江 2 000 吨级航道衡阳至株洲段等项目建设。深入推进交通融城战略，加快衡州大道西延、衡岳大道北延、东风路南延建设。加大来雁新城、滨江新区、陆家新区、酃湖高铁新城、东洲岛片区建设开发力度。推进蒸水北堤、湘江西岸风光带建设。大力建设海绵城市、智慧城市，构建城市防洪防涝、山洪地质灾害防御体

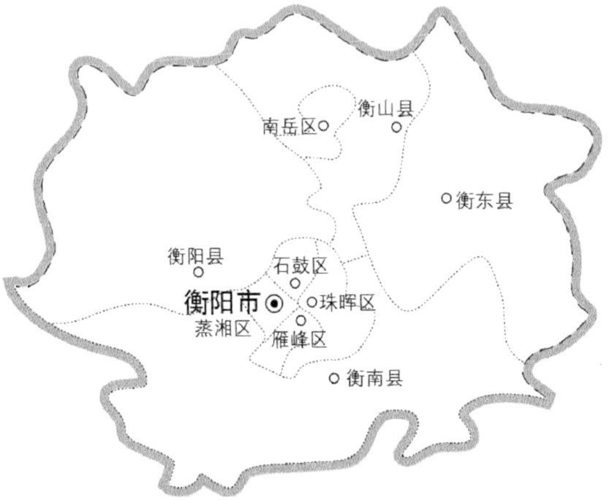

图 4.9　衡阳城市圈范围图

系。加强城市供水及能源通道建设。加快旧城改造步伐，加大政府购买棚改服务力度。

在衡阳城市圈建设中，要充分调动区县积极性。衡阳县要做大做强生物医药、陶瓷产业，加快西渡高新区核心片区建设和船山西路沿线开发；衡南要重点发展高端装备制造、空港物流产业全力推进新县城“两带四新区”建设开发；衡东、衡山要加快发展机械制造、汽车零部件制造产业、化工产业，提质发展旅游业，与南岳区融合打造南岳—开云—新塘组团。

（三）江西省城市群发展概况

1. 环鄱阳湖城市群

环鄱阳湖城市群位于江西北部，长江中下游南岸，包括南昌、鹰潭、景德镇 3 市全境，以及九江、新余、宜春、抚州、吉安、上饶的部分区域，共 38 个县（市、区），面积为 5.12 万平方公里（含鄱阳湖全部湖体），约占全省面积的 30%。这实际上是 2009 年国务院批准的鄱阳湖生态经济区范围，也是江西省建设的重中之重。2015 年 3 月，国务院批复《长江中游城市群发展规划》，2016 年江西省编制《环鄱阳湖生态城市群规划（2015—2030）》，将江西省纳入长江中游城市群范围的区域统称为“环鄱阳湖城市群”。扩容后，新的环鄱阳湖城市群的范围是：南昌、九江、景德镇、上饶、鹰潭、宜春、新余、萍乡等地级市全部行政辖区，抚州市辖区、东乡县、金溪县、崇仁县，吉安市新干县、峡江县，区域总面积 9.23 万平方公里。

首先，打造南昌、九江“双核”。一是做强南昌大都市区，其包括以南昌市中心城区为核心、周边 100 公里范围的区域，即南昌市中心城区、抚州市中心城区、南昌县、新建县、安义县、奉新县、高安市、丰城市、樟树市、进贤县、东乡县、余干县、永修县等在内的一小时经济区。二是做大九江都市区。以九江市中心城区为核心，沿江联动瑞昌市、九江县、湖口县、彭泽县，向南联动德安县、共青城市、庐山市，强化城镇发展和资源要素集聚，推进沿江开放开发，带动修水县、武宁县、都昌县发展，打造鄱阳湖生态经济区建设新引擎、中部地区

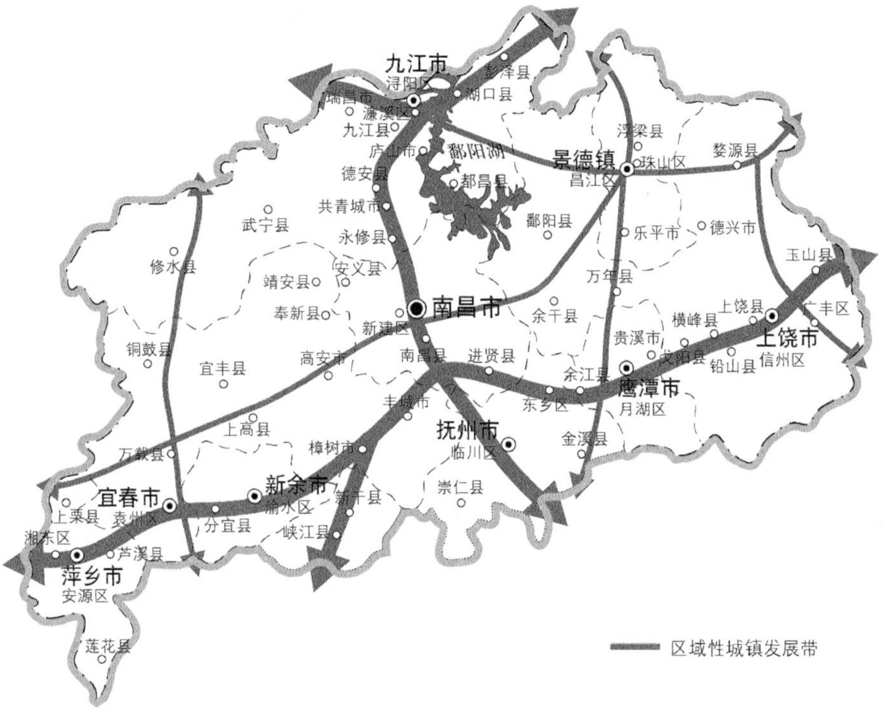

图 4.10　环鄱阳湖城市群范围图

先进制造业基地、长江中游航运枢纽和国际化门户、全省区域合作创新示范区。三是深入推进昌九一体化。目前，昌九一体化规划体系基本形成、交通一体化顺利推进、公共服务同城化迈出大步、产业对接互补扎实推进，取得初步成效。重点建设好 2016 年 6 月国务院批准设立的江西赣江新区。其范围包括南昌市青山湖区、新建区和共青城市、永修县的部分区域，规划面积 465 平方公里。把建设好江西赣江新区作为实施国家区域发展总体战略、推动长江经济带发展的重要举措，为促进江西经济社会发展和中部地区崛起发挥更大的作用。

其次，推进昌九抚宜四市抱团发展。南昌作为省会是全省的核心，九江作为北大门是江西对接中部和长江经济带的桥头堡，抚州是江西对接福建东南沿海的重要窗口，宜春是江西对接长株潭的重要门户，四市合作将打通江西对外开放的重要通道，对江西融入全国区域发展至关重要。四个城市山水相连、人文相亲，各具特色和优势，合作空间巨大。四市统一规划轨道交通网，建设城际铁路；以向莆铁路、杭南长客运专线为依托，进一步推进陆海协作，构建对外连接的战略通道；加快完善高速公路网，使三市快速地融入南昌都市圈。

第三，深入建设鄱阳湖生态经济区。鄱阳湖是我国五大淡水湖中水质最好的湖泊。鄱阳湖的“一湖清水”是一代又一代人不懈努力的结果，30多年来江西省实施“灭荒”造林、“山上再造”和“跨世纪绿色工程”三大战役，森林覆盖率增长近1倍，水土流失面积下降近三分之二，鄱阳湖湖体面积增加40%多。建设鄱阳湖生态经济区，对江西来说既是一个“黄金发展期”，同时也是资源能源压力不断加大、生态环境质量容易恶化的关键时期，要永保鄱阳湖“一湖清水”，就必须探索出生态与经济协调发展、人与自然和谐共生的新路子。

2. 新宜萍城镇群

新余、宜春、萍乡属赣西地区，未纳入鄱阳湖生态经济区。但在长江中游城市群中占有较重要的地位，《长江中游城市群发展规划》中专门有一段表述：“长沙、株洲、湘潭—新余、宜春、萍乡。共建湘赣开放合作试验区，统筹规划跨省市铁路和高速公路、省际连接线等重大基础设施建设，推动城际客运公交化建设，加强产业分工协作，打造赣湘边界红色旅游带和跨省产业合作示范区。”在这一大背景下，新余、宜春、萍乡联手建设新宜萍城镇群，并启动了《新宜萍城镇群发展战略规划（2015—2030）》编制。根据规划，将以重大基础设施的建设为先导，转变发展方式，加强区域协调，重塑空间体系。依托咸宜井铁路、渝长厦铁路和蒙吉铁路分别途经宜春、萍乡和新余的优势，将目前的东西发展轴升级为网状经济带，尽快融入长江中游城市群。此外，新宜萍城镇群还将构建“组合城市”模式，打造萍乡—芦溪、宜春—万载、新余—分宜等三大组合城市。计划建设一条赣西城际快速路，将城镇群串联起来。新宜萍城镇群的打造将强化赣西地区与南昌大都市区、长株潭城市群合作对接，满足构建长江中游城市群整体区域格局的现实需要。

从省域层面看，新宜萍三市之间距离相近，城镇发育密集。与昌九经济带“两头重，中间轻”的哑铃结构不同，新宜萍城镇群的县域规模更平均，其中不

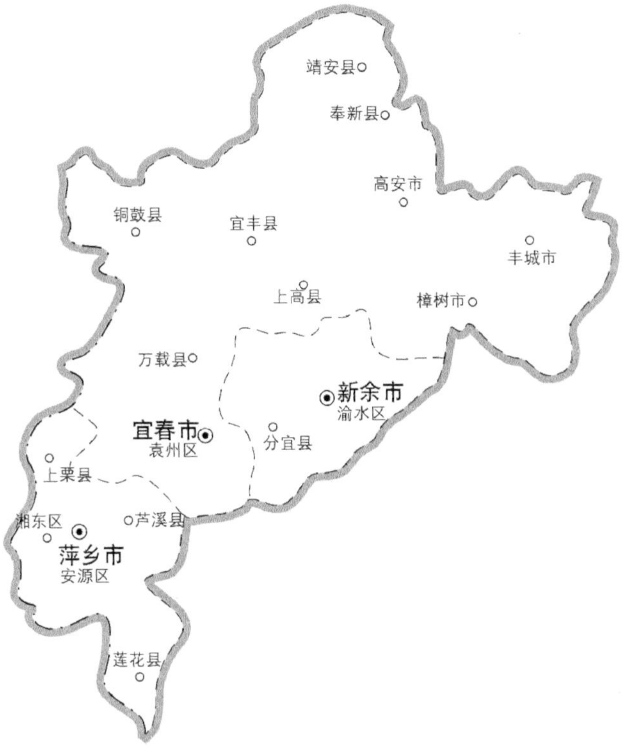

图 4.11 新宜萍城镇群范围图

乏丰城、樟树这样的经济强县在周边支撑。在经济发展新常态下，赣西地区作为全省老工业基地，迫切需要经济转型，抱团提升产业竞争力。此前江西省提出的《关于支持赣西经济转型加快发展的若干意见》，也需要通过新宜萍城镇群的构建予以落实。①

3. 信江河谷城镇群

国务院批复的《长江中游城市群发展规划》在“构建多中心协调发展格局”一节中，提到“信江河谷城镇群”。信江河谷城镇群，以上饶市中心城区为核心，包括周边的广丰、玉山、横峰、弋阳、铅山 5 个县，面积达 1 万多平方公里，又称“1+5”城镇群。

① 陈璋：《发力赣西，江西省打造新宜萍城镇群》，《江西日报》2016 年 2 月 19 日。

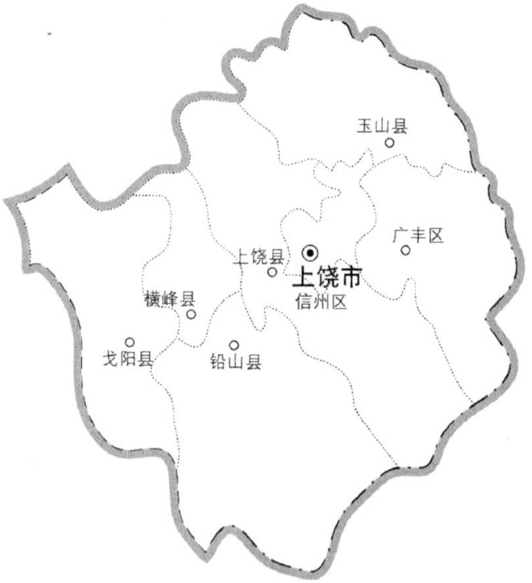

图 4.12　信江河谷城镇群范围

打造信江河谷城镇群，是推动上饶科技创新、产业升级，进一步激发市场活力，加快城市建设步伐、做大做强中心城区的重大战略举措，各地各部门要全面提升信江河谷城镇群和经济带建设水平，努力把信江河谷城镇群和经济带打造成上饶产业转型升级和经济发展的“引擎”，为建设四省交界现代化区域中心城市和江西绿色崛起重要增长极作出新贡献。

2014 年通过的《上饶市“1+5”信江河谷城镇群规划》要求尽快建立健全“1+5”信江河谷城镇群规划体系，着力打造快速通道相连、绿色空间过渡、功能设施互补、产业分工协作的生态宜居城镇簇群。按照同城化、一体化、均等化的要求，抓紧各专项规划编制，制定引导基础设施建设、基本公共服务体系建设和社会发展领域建设方面的政策措施；建立健全“1+5”多层次合作协调会商机制，推动城镇群有序发展，强力推进 5 个县城全面对接中心城市、全面融入中心城市。

4. 吉泰城镇群

2016 年 10 月 24 日，《吉泰城镇群规划（2016—2030 年）》经江西省人民政府批复通过。吉泰城镇群规划涉及吉安市吉州区、青原区以及吉安县、吉水县、泰和县两区三县的全部行政辖区，总面积为 8 658 平方公里。

吉泰城镇群的空间结构是“一区三轴四片”。“一区”指吉泰城镇群核心区，是吉泰城镇群工业化、城镇化的主要承载区。“三轴”指京九城镇发展轴、抚吉发展轴、泉南发展轴。京九城镇发展轴依托京九铁路、大广高速、樟吉高速、昌吉赣城际等重要的区域性交通设施，向北对接沪昆城镇带、南昌都市圈，向南对接赣州都市区、珠三角等，是吉安市域最重要的城镇—产业发展轴。抚吉发展轴联动永丰、吉水、安福等区县，在城镇群内部形成东西向产业协同的发展轴。泉南发展轴联动井冈山、泰和以及兴国等区县，形成东西向发展轴线。“四片”是指城镇群内依托现有城镇发展资源和交通廊道形成的吉西、吉北、吉东、吉南等四大特色发展片区。

城镇等级体系方面，规划形成“中心城市—副中心城市—重点镇—一般镇”四级城镇等级体系。中心城市 1 个，为吉安中心城市，包括吉安主城区、吉安县城、凤凰镇以及永和镇。副中心城市 2 个，为吉水副中心城市、泰和副中心城市。重点镇共有 15 个，一般建制镇 34 个。

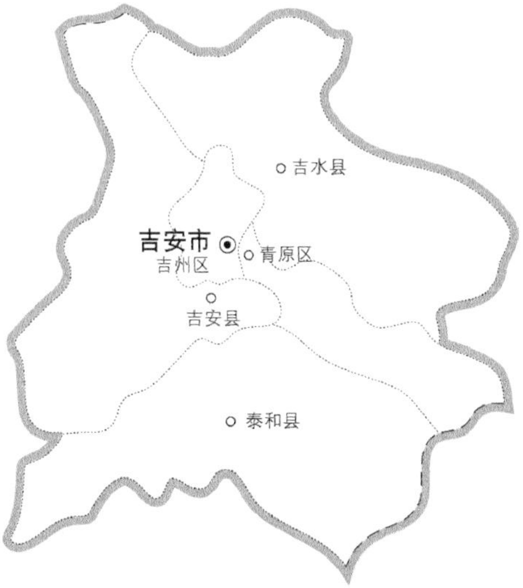

图 4.13　吉泰城镇群范围

5. 赣南城市群

赣州市“十二五”规划纲要提出，按照“以点带轴，以轴带面”的城市群发展模式，以中心城区为核心，以瑞金和龙南两个次中心城市为支点，以沿赣粤、赣闽走廊为两轴的赣南城市群，并通过高速公路、城际铁路等城市间基础设施一体化，推动“同城化”进程。

按照“以点带轴，由轴带面”的城市群发展模式，构建“一核二廊三圈”的区域发展格局。“一核”，即以赣州中心城区为核心；“两廊”，即以瑞金和龙南两个次中心城市为支点，建设沿赣粤、沿赣闽两条经济走廊；“三圈”就是围绕中心城区为中心节点、瑞金和龙南两个次中心节点打造的3个“半小时城市圈”。

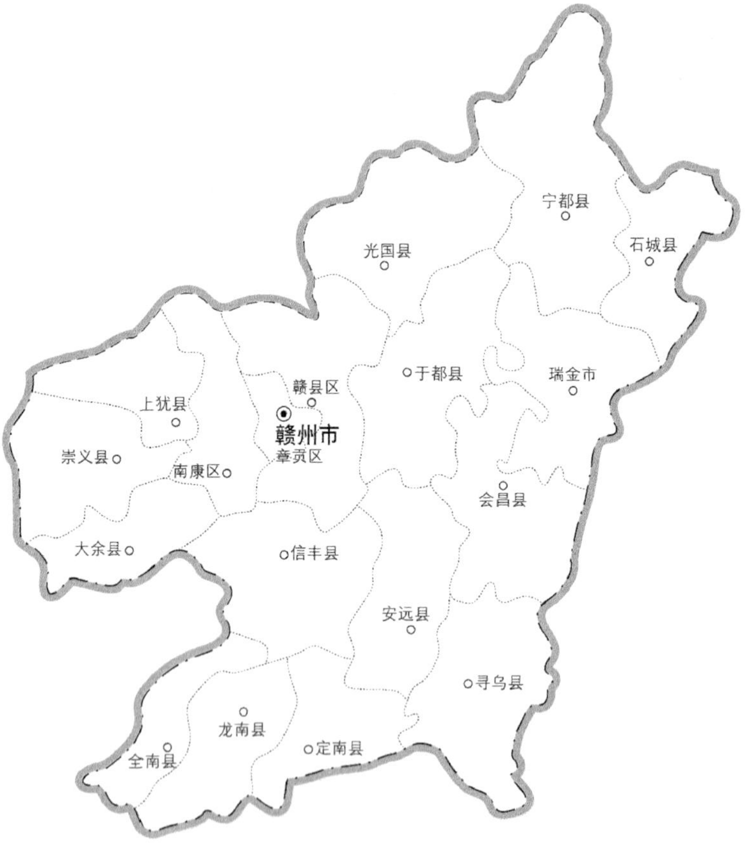

图 4.14　赣南城镇群范围

中心城区半小时左右城市圈覆盖兴国、于都、信丰、大余、上犹、崇义等10县（市、区）；瑞金半小时左右城市圈覆盖宁都、会昌、石城等4县（市）；龙南半小时左右城市圈覆盖定南、全南、寻乌、安远等5县。充分利用瑞金和龙南两个次中心城市在承接海西经济区和珠三角产业转移中的桥头堡地位，发挥其在赣州全域中的区域性增长极作用。提高以其为核心的国省道和农村公路等级和通行能力，着力提升其综合实力和承载能力，实现工业化与城镇化互促互动，以产业带动城乡一体发展，并依托赣闽、赣粤两条交通走廊，以轴带圈，与中心城区一起，分工负责，形成全市功能互补的3个“半小时城市圈”。

三、长江中游地区城市群发展重点

长江中游地区的城市群承东启西、连南接北，是长江经济带的重要组成部分，也是实施促进中部地区崛起战略、全方位深化改革开放和推进新型城镇化的重点区域，在我国区域发展格局中占有重要地位。

（一）加强长江中游城市群与其他城市群的协同

长江中游地区除了长江中游城市群以外，还有吉泰城镇群、赣南城市群、襄十随城市群等完全不属于或大部分不属于长江中游城市群的小型城市群。长江中游地区城市群是指湖北、湖南、江西三省范围内的所有城市群，而长江中游城市群则是“一个”城市群，是长江中游地区的龙头城市群。

要加快推进交通设施建设的协同。襄十随城市群范围与武汉城市圈没有重叠，也只有襄阳市进入了长江中游城市群。要加快武（汉）西（安）高铁汉十段建设，汉十段高铁一旦建成，从武汉到十堰的时间将缩短至2小时内，到襄阳1小时，到随州仅半小时，实现襄十随城市群与武汉城市圈、长江中游城市群的无缝对接。赣南地区和湘南地区要积极参与赣江、湘江开发，共同推进长江中游现代化水运体系建设。

要加快推进支柱产业的协同发展。吉泰城镇群、赣南城市群完全不在长江中游城市群的范围内，但要积极对接环鄱阳湖城市群和长江中游城市群，特别是要主动融入京九经济带建设。京九经济带以京九铁路为依托，北起黄冈，南至赣州，以南昌、九江两个中心城市为支点，以铁路、高速公路、航空、水运为纽带，形成以飞机制造、汽车和船舶制造、医药、食品、石化、电子信息、纺织服装等为主的工业体系。吉泰城镇群、赣南城市群通过对接，能够加快革命老区（原中央苏区）振兴发展步伐、实现全面小康。吉泰城镇群还可以利用毗邻株洲的地理优势，对接环长株潭城市群，发展建材、农产品加工等产业。

要推进和强化节点链接。不断强化襄阳、宜昌、黄石、荆州、十堰、株洲、湘潭、岳阳、常德、益阳、娄底、衡阳、萍乡、九江、景德镇、上饶、鹰潭等节点城市功能，实施无缝链接。积极建立城市间的合作模式和发展机制，使城市群内的核心城市、区域中心城市、县级市及小城镇准确定位、合理分工，形成自上而下的分工合作机制。各区域中心城市要以大城市群为依托，相应地与武汉、长沙、南昌等城市群的核心城市对接，因城制宜，带动一方经济的发展。小城市（县级市和县城）的建设重点是要强化特色产业支撑，走特色化和专业化道路。小城镇建设要以产业产品基地为依托，按照新农村的标准，构建生态型、环保型、宜居型绿色小城镇。在城市群内，促进大中小城市协调发展，逐步实现城市生态化、农村现代化和城乡一体化。

（二）创新驱动产业转型升级

首先，要推动产业结构优化升级。一方面加快发展现代服务业。积极发展现代金融业。中游地区城市群要以充沛的教育资源和雄厚的科研实力，发展科技金融，提高金融产品与金融服务的质量。广泛开展银行业合作，积极推动汉口银行、湖北银行、长沙银行、南昌银行、九江银行等城市商业银行跨区域、跨省设立分支机构。大力发展商贸物流业。运用信息技术和现代经营方式，将传统商贸物流业全面对接“互联网 +”，不断提高物流业的标准化和信息化程度，提供更高效、便捷的商贸物流服务。依托武汉天河机场、长沙黄花机场、南昌昌北机场和鄂州顺丰国际货运机场，着手建设临空经济区，发展空港经济。另一方面突破性发展战略性新兴产业。大力发展高端装备制造。积极响应《中国制造2025》战略规划，整合三省传统制造业资源，推进传统制造业企业的转型升级，并以市场应用为先导，以重点产品研制为主线，以武汉城市圈、长株潭城市群的雄厚的科技研发实力为基础，重点发展一批以航空装备、轨道交通、芯片制造、卫星应用等为代表的战略性新兴产业。加快发展生物制药。以武汉城市圈、长株潭城市群、环鄱阳湖城市群现有的国家生物产业基地为重点，加快建设一批生物产业项目。以湖北九州通、湖南九芝堂、江西白云药业等知名医药企业为主体，探索建立企业与高校及科研院所的沟通合作机制，搭建信息交流互通平台，打通从技术成果到投入生产的“最后一公里”，提高将科学技术转化为现实生产力的能力。

其次，以创新驱动实现城市群转型升级。一方面，加大人力资本投资。三省应当加大人力资本的投资力度，尤其是知识和技术的投资。湘鄂赣三省坐拥着其他地区难以比拟的教育资源和科研实力，尤其是高端人才培养方面和尖端技术研发方面，三省有着武汉大学、华中科技大学、中南大学、湖南大学等一批国家一流大学以及依托各个大学建设的国家级科研专项实验室、研究所等等。另一方面，提升自主创新能力。中部三省应当整合区域资源，不断提高自主创新能力，围绕重点发展的高新技术产业和传统产业的改造升级，整合创新资源，构建区域技术创新体系，培育产业转型的新动力。

第三，加强创新资源整合。一方面，要加强各城市群现有创新资源的优化配置与有效整合，实现区域内高校、科研院所、实验室等科研机构的互联互通。积极开展跨区域、跨行业的研究合作，同心同力，携手攻克科研难题，共同分享科研成果。探索建立高校和科研院所的创新资源共享机制，使创新资源实现三省共享，鼓励和引导区域内的市场主体创新创业，实现产业发展新突破。另一方面，依托东风汽车、三一重工、江铃汽车等实力雄厚的企业以及各重点院校、国家级实验室和工程研究中心，积极搭建信息互通、难题互助、成果共享的技术创新交流合作平台，构建完善的产、学、研体系，不断增强和提高将科学技术转化为现实生产力的能力与效率。

（三）做好全国商业功能区建设示范

根据《商务部关于加快推进环渤海等 11 个主要商业功能区建设的实施意见》等文件的要求，湖北、湖南、江西三省联合开展长江中游商业功能区建设，目前其进程走在全国最前列。2017 年 11 月 1 日，在湖北省社科院召开的《长江中游区域市场发展规划（2017—2020 年）》座谈会上首次公布规划全文。该规划是长江中游商业功能区建设的行动指南。

首先，联手建立长江中游“两横三纵”五条商贸流通轴。一是沿江商贸流通轴。积极构建长江沿线以武汉为龙头，以宜昌、荆州、岳阳、九江等为重要支点的商贸流通大通道。依托长江承东启西、通江达海的区位优势，推动东、中、西部地区联动发展。加快港口物流设施建设，积极推动水陆空多式联运；着力完善口岸功能，推动汽车整车进口、肉类进口、粮食进口等指定口岸建设。积极推进沿岸商品市场建设，推动市场优化整合，提高市场规模经济效益，增强集聚与辐射带动功能。二是沪昆商贸流通轴。积极推进沪昆沿线以长沙、南昌为中心，以上饶、景德镇、鹰潭、新余、宜春、萍乡、株洲、湘潭、娄底等城市为重要节点的商贸物流业发展。重点推进有色金属、钢铁、陶瓷、食品等专业市场建设，构建贯通三省东部和西南地区的商业发展轴。三是京广商贸流通轴。积极打造京广铁路沿线商贸物流枢纽，推进沿线孝感、武汉、咸宁、岳阳、长沙、湘潭、株洲、衡阳等城市商贸合作，强化政策协同，构建沟通南北的商业发展主轴。四是京九商贸流通轴。依托京九铁路，加快城市快速通道建设，发挥南昌、九江辐射带动作用，推进昌九一体化发展，提升沿线麻城、蕲春、武穴、黄梅、德安、共青城、永修、丰城、樟树、新干、峡江等中小城镇的商贸实力，立足特色资源优势，共同构建赣北、鄂东等区域市场。五是二广商贸流通轴。以二广高速、焦柳铁路及蒙西至华中煤运铁路为依托，以襄阳、荆门、宜昌、荆州、常德、益阳、娄底等重要城市为节点，深化区域合作，推动沿线区域大商贸、大物流发展，辐射带动长江中游西部区域社会经济发展。

其次，合理进行“三核八区”商业功能分区。即建立三个核心功能区：武鄂黄都市圈核心功能区，长株潭城市群核心功能区，昌九一体核心功能区。重点发挥武汉、长沙、南昌三座省会城市在区位、交通、港口、产业、科技、文化等方面的优势，进一步推进商贸物流基础设施建设，强化现代服务功能与高端要素集聚能力，更好地发挥对全区域的辐射带动作用以及在全国的影响力。着力提升核心城市商贸物流功能。积极推进铁、水、公、空等多种运输方式高效衔接和服务一体化，合理布局不同类型的物流产业园，加快重点物流园区和物流中心建设，强化在全国商贸物流体系中的地位。着力提升核心城市现代服务功能，加快发展总部经济、城市综合体、高端商业综合体、商业中心和旅游酒店产业，积极推进总部经济集聚区、服务业集聚区建设，提升配套服务能力。强化现代贸易高端功能，加快国际采购交易中心、服务贸易中心、国家电子商务示范基地和流通业态创新示范区建设。大力发展会展经济，积极引进培育品牌展会和会展企业，建设会展名城。同时建立八个次级功能区：鄂东大市场、鄂西北大市场、鄂西南大市场，洞庭湖区大市场、湘中南大市场、湘西大市场，赣西南大市场、赣东大市场。重点发挥襄阳、宜昌、荆州、衡阳、赣州、景德镇、上饶、怀化、恩施等区域性商业中心城市在区位、资源、特色产业、区域文化等方面的优势，以提高流通效率、降低商贸物流成本、提升商贸服务功能为目的，坚持创新、统筹、升级的发展思路，积极推进消费品与生活服务市场体系、批发市场体系、现代物流服务体系和特色旅游会展服务体系建设，打造服务周边市县、辐射全省与中西部地区、影响全国的区域重要商业增长极。

第三，大力推动商务供给侧改革。一是推进流通标准化建设。建立重点标准实施监督和评价制度，提高标准应用水平。实施商贸物流标准化专项行动计划，推进武汉、黄石、怀化、常德、南昌、九江国家物流标准化试点城市建设。推进实施流通领域国家标准和行业标准，制订流通地方标准和企业标准，建立健全覆盖全面、重点突出、相互配套、结构合理的流通地方标准体系。推进流通服务业标准化试点示范工作，鼓励具备条件的流通企业采用国际先进标准。推动建立经营场所服务标准公开公示制度，引导企业以标准为依据规范服务、交易和管理行为。二是增强骨干流通企业竞争力。充分发挥鄂武商、中百超市、湖南友谊阿波罗、南昌百货大楼集团公司等本土商贸龙头企业的作用，鼓励商贸流通企业开展战略重组、业务整合和相互投资参股，加快培育具有国际竞争力的大型商贸企业集团。推动流通企业创新流通技术、商业模式、管理手段、经营业态，走专业化、特色经营的道路，提高组织化程度，提升核心竞争力。创新发展连锁经营，引导流通企业通过联合采购、共同配送、特许经营等方式，提高集约经营能力。三是强化流通创新示范基地建设。培育中小电子商务企业孵化器、众创空间等公共服务平台，完善中小企业公共服务体系。推动供应链创新与应用。引导流通企业加强供应链应用，优化供应链管理，加强资源整合，促进流程再造，提升企业协同的智能化、网络化、集约化水平。推动商品交易市场优化资源配置，对上下游企业提供采购、加工、分销、物流、信息等全程供应链服务。推动供应链服务企业创新发展，提供网络化、平台化服务，提高专业服务能力。

四、充分发挥武汉超大城市的带动作用

（一）巩固长江流域管理中心地位

武汉被称为“江城”，意为“长江之城”。武汉是长江流域的管理中心。国家的长江流域管理机构——长江水利委员会设在武汉，长江航务管理局、长江航道局、长江航运集团总公司、长江海事局、长江航运公安局、长江通信管理局、长江科学院等也均设于此地。特别是长江水利委员会，据国家有关法律法规和水利部的授权，在长江流域和澜沧江以西（含澜沧江）区域内依法行使水行政管理职责，为具有行政职能的副部级事业单位。1984 年 5 月 24 日根据最高人民法院“法司字第 80 号”文件设立的武汉海事法院，是审理海理、海商案件的专门法院，管辖西自重庆兰家沱、东至江苏浏河口的长江干线水域，包括沿岸 19 个主要港口。武汉海事法院在重庆、南京、南通、宜昌、常熟等地分别设立了派出法庭，二审法院为湖北省高级人民法院。2009 年 12 月 23 日，中国气象局在武汉组建长江流域气象中心，主要承担流域气象信息汇集和气象服务两大职能。流域气象服务由位于武汉的华中区域气象中心总牵头，分上游、中游、下游三段组织

实施气象服务工作，四川、重庆、贵州、湖南、江西、安徽、江苏、浙江等12个省、直辖市气象局参加。长江流域气象中心主任由中国气象局副局长兼任，副主任由湖北省气象局局长担任。武汉是全国最大的电网调度中心。华中电网涵盖河南、湖北、湖南、江西、四川和重庆6个省（市），土地面积138.10万平方公里，占全国国土面积的13.5%；人口近4亿，约占全国总人口的30%，是供电人口最多的区域电网。并且，华中电网连接华东、华北、华南和西南地区，是我国最大的电力枢纽。

随着国家进一步推进长江战略，下一步国家有关部委还有可能设立流域性机构。建议将这些机构尽量设在武汉，以利于巩固和提高其长江“总部”这一地位。国务院文件《关于依托黄金水道推动长江经济带发展的指导意见》提到“运用市场化机制探索建立新型科研机构，推动设立知识产权法院”，而武汉是全国知识产权研究的高地。2016年底，最高人民法院决定开展跨区域管辖的知识产权审判工作试点，武汉即是首批确定的四个城市之一。在武汉设立跨区域的知识产权法庭，专司知识产权审判工作，可以为长江中游城市群和长江经济带建设提供坚强司法保障。但这一法庭系武汉市中级人民法院的派出机构，级别低，管辖范围相对较小。长江流域又是全国专利申请最多的区域（2014年的专利申请量居前10位的省市有7个属于长江流域），可考虑优先在武汉设立跨区域的知识产权法院。而且武汉海事法院已运行30多年，有成功先例可以借鉴。可以参考武汉海事法院的模式，以武汉知识产权法庭为基础，组建武汉知识产权法院。

（二）努力建设武汉国家中心城市

2009年4月，湖北省社会科学院专家向武汉市以书面报告形式明确提出武汉建设“中部中心城市—国家中心城市—国际化大都市”的“三步走”战略。2010年3月8日，武汉获批“中部地区中心城市”。2010年12月3日，中共武汉市委十一届十次全会审议通过的《全市国民经济和社会发展“十二五”规划的建议》，提出“十二五”时期武汉要巩固中部中心城市地位，努力建设国家中心城市，为把武汉建成现代化国际性城市奠定基础。这是武汉市首次提出建设国家中心城市。2012 年 6 月 9 日，湖北省召开第十次党代会，提出“大力支持武汉建设成为立足中部、面向全国、走向世界的国家中心城市和国际化大都市”。2016 年 12 月 20 日，国家发展改革委经国务院同意印发《促进中部地区崛起“十三五”规划》，明确支持武汉建设国家中心城市。武汉应当强化四大优势，加快国家中心城市建设步伐。

1. 强化交通优势

武汉历来为全国交通之要冲，清朝乾隆皇帝曾用“九省通衢”一词来形容武汉。孙中山先生在《建国方略》中就指出：“武汉者，指武昌、汉阳、汉口三市而言。此点实吾人沟通大洋计划之顶水点，中国本部铁路系统之中心，而中国最重要之商业中心也……湖北、湖南、四川、贵州四省，及河南、陕西、甘肃三省之各一部，均恃汉口以为与世界交通唯一之港。至于中国铁路既经开发之日，则武汉将更形重要，确为世界最大都市中之一矣。所以为武汉将来立计划，必须定一规模，略如纽约、伦敦之大。”

武汉天生具有交通区位优势，其在全国地位的升降起伏也与其交通优势的变化息息相关，特别是与水运高度正相关。要加快武汉新港建设步伐，整体统筹规划布局，大力推动多式联运枢纽建设，优化现有港口、铁路集装箱中心站等站场建设布局，完善集装箱堆存、转运等配套设施和功能。完善公路集疏运网络体系，沿江重点建设江北和江南快速路，垂江重点建设疏港公路，打通串联起新港主要港区，并通过高速公路、国道、省道辐射内陆。完善铁路集疏运网络体系，加快建设沿江主干铁路和四大铁路场站，积极推进通港铁路专用线建设，将铁路延伸到港，建设吴家山铁路中心站到阳逻港的铁路专线。加强机场与港口的通道建设，推动建设阳逻港至天河机场、鄂州顺丰机场快速通道，同步策划建设第二机场、国家航空货运中心与武汉港的货运通道，争取成为全国“空地联运”试点城市。

复兴大武汉的交通优势，还要不断巩固和提升铁路、公路和航空枢纽地位，重振“九省通衢”雄风。要持续推进高铁建设，积极争取相关项目纳入国家规划，加快形成“米”字形高铁网；加快推进航空崛起，大力巩固拓展国际国内航线，推动干支航线及客货运航线协调发展；大力推进铁水联运，充分发挥铁路在货物多式联运中的主体作用，推进铁路进码头、进园区。

2. 强化科教优势

武汉有高等院校 98 所，其中普通高校 80 所（本科院校 52 所），大学生 120 多万人，居全球第一。拥有国家实验室 1 个（全国共 6 个）、国家重点实验室 25 个、教育部重点实验室数百所，均仅次于北京、上海居中国第三。武汉是国家创新型试点城市，东湖高新区是全国第二个国家级自主创新示范区。仅东湖高新区规划的 518 平方公里范围内集聚了各类高等院校 42 所、56 个国家级科研院所、52 名两院院士、20 多万各类专业技术人员和 80 多万在校大学生。

武汉要高举创新大旗，把武汉明显的科教优势转化为明显的经济优势，大力发展高新技术产业，特别是要发展战略性新兴产业。应对标国际知名的科技创新中心，找出差距，瞄准世界科技前沿领域和顶尖水平，跟踪一批事关国家重大发展战略的关键核心技术，重点支持光电子、信息、生物、智能制造、新能源等基础研究领域，研究和培育一批关键核心技术。创新驱动的实质是人才驱动，参与全球创新活动，引进和集聚全球创新资源，必然要在全球范围内集聚人才。武汉市应进一步塑造包容有序、海纳百川的国际性城市的形象，利用好武汉高校密集的优势，加快推进武汉建成世界知名大学城，吸引全国乃至世界各地的学生，让武汉始终保证百万人左右的年轻化、知识化的人才力量。

3. 强化实体经济优势

从城市发展历史来看，武汉就是靠“汉阳造”实体经济起家的。在建设国家中心城市的过程中，应继续实施“工业强基”工程。要加快提升大光谷、大汽车、大临空、大临港的先进制造业能级，把握产业变革方向，借助武汉大专院校众多、高层次创新人才荟萃的优势，积极对接“中国制造 2025”，推动实体经济转型升级。

加快推动现有支柱产业向中高端升级。以汽车及零部件、钢铁、石化、装备制造、烟草食品、家电轻工等支柱产业为重点，加快关键技术创新和品牌培育，促进新一代信息技术与制造业深度融合、制造业与服务业有效融合。支持龙头企业积极扩大先进产能，加快产业战略重组。发挥研发设计对产业升级的引领作用，积极培育引进产业链中高端环节核心企业、关键项目。加快国防科技成果转化和产业化进程，推进军民融合协调发展。要加快国家存储器基地和国家航天基地建设，超前谋划发展未来产业。着眼未来 5—10 年全球产业发展前沿，超前布局人工智能、无人机、无人驾驶汽车、3D 打印、可穿戴设备、石墨烯材料、生物质能、海上浮动核电站等领域，抢占未来产业发展制高点。

积极推进供给侧结构性改革，降低企业长期成本。要将降成本作为武汉市供给侧结构性改革的重点任务，积极研究降成本的症结和路径，实施“一城一策”“一企一策”。通过供给侧结构性改革淘汰落后企业实现企业总体成本降低，落后的企业、落后的产能要通过降成本行动及时、坚决地淘汰出局，促进生产要素向创新型企业转移和集聚。要降低融资成本，进一步规范金融行业服务收费，支持发展直接融资，银行要创新金融模式，企业也要构建自我援助机制，依托商会、行业协会等企业组织通过设立金融互助基金、过桥资金等方式，开展自我救助。要多措并举，使武汉实体经济更实、更大、更强。

4. 强化碳市场优势

武汉城市圈是全国两型社会建设综合配套改革试验区，较早关注碳减排问题。早在 2010 年 11 月，全国首家碳减排联盟——武汉碳减排协会就正式成立了。湖北被列入碳排放权交易试点后，虽然启动时间位居第 6，但后来居上。设在武汉的湖北碳排放权交易中心，在开市当日就成交 51 万吨，成交金额 1 071 万元。湖北碳市场交易一起跑就领先全国。截至 2016 年底，碳市场总成交量占全国 80% 左右，成交额一直占 80% 以上，规模居世界前三。

与全国其他试点省市相比，湖北碳交易创新步伐更快，特别是碳金融领先全国。2014 年 9 月 9 日，兴业银行武汉分行、湖北碳排放权交易中心和湖北宜化集团有限责任公司三方签署了碳排放权质押贷款和碳金融战略合作协议。宜化集团利用自有的碳排放配额在碳金融市场获得兴业银行 4 000 万元质押贷款，该笔业务单纯以国内碳排放权配额作为质押担保，无其他抵押担保条件，成为国内首笔碳配额质押贷款业务。湖北在全国首创碳质押贷款、碳资产托管等业务，累计促成 4.4 亿元碳排放权质押贷款、碳资产托管 200 万吨。湖北碳排放权交易中心与多家银行签署 800 亿元的全国最大碳金融授信，用于支持减排技术应用和绿色能源项目开发。设立国内首只碳基金，首笔规模为 3 000 万元已全部用于投资湖北碳市场；中心还提供质押回购、碳债券等各类碳金融产品支持绿色、低碳产业发展。目前，由控排企业、碳资产管理公司、金融机构、个人等市场主体博弈形成价格均衡，使湖北碳交易成交价稳定在每吨 21—29 元之间。武汉已成为全国最大、最活跃的碳排放权交易市场和碳金融中心。

根据中美两国 2015 年签署的《中美元首气候变化联合声明》，中国将于 2017 年建立全国碳排放权交易体系，主要涉及钢铁、电力、化工、建材、造纸和有色金属等重点工业行业，将覆盖 40 亿吨 CO_2（二氧化碳）当量，超过欧洲碳市场的两倍。武汉应抓住机遇，着手建立将成为全球最大的碳交易中心和碳金融中心。

（三）发挥对长江中游和中部地区的带动作用

1. 完善市域城市空间布局

一方面，继续推进“1+6”布局。“1”是指武汉、汉口、汉阳三镇组成的主城区，其建设基本控制在三环线以内；“6”是指 6 个远城区各集中规划建设一座中等城市规模的新城组群：东部新城组群（包括阳逻新城和北湖新城），东南新城组群（包括豹澥新城和流芳组团），南部新城组群（包括纸坊新城以及黄家湖、青菱、郑店、金口和五里界等组团），西南新城组群（由常福新城、纱帽新城和薛峰组团、军山组团组成），西部新城组群（由吴家山新城、蔡甸新城和走马岭、黄金口、金银湖等组团组成），北部新城组群（由盘龙新城和横店组团、武湖组团组成）。

另一方面，积极打造三大亮点板块。武汉市第十三次党代会提出，规划建设三大世界一流的城市亮点区块：长江新城、长江主轴、东湖城市生态绿心。这是武汉提升国际知名度、美誉度和城市竞争力的重大举措。长江新城应当坚持超前理念、世界眼光、国际标准、中国特色，打造高效高新产业集聚的创新名城、大

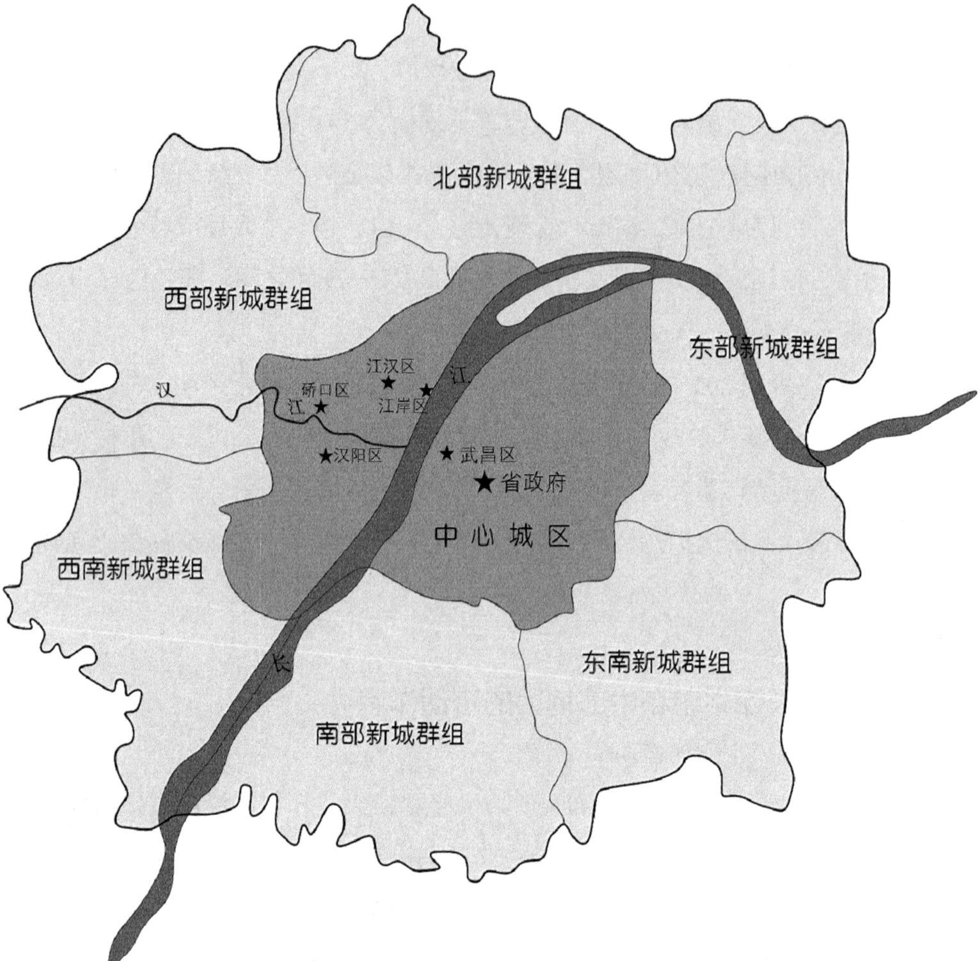

图 4.15　武汉市“1+6”城市格局

江大湖魅力凸显的生态绿城、新一代信息技术领先应用的现代智城、对外开放合作水平一流的国际友城、百姓富裕安居乐业的创富民城，探索推进“大湖 +”发展模式，打造“大湖 +”主题功能区，建设成为践行新发展理念的典范新城。要努力打造代表城市发展最高成就的展示区、全球未来城市的样板区，并积极申报建成国家级“长江新区”。武汉长江主轴，重点围绕主城区长江段，集中展示长江文化、生态特色、发展成就和城市文明。应当以城市交通轴、经济轴、文化轴、生态轴和景观轴“五轴一体”为引领，优化武汉长江主轴及近岸空间发展，推动武汉大都市由“组团结构”向“中轴结构”发展、向“长江时代”跨越，打造世界级城市中轴文明景观带。东湖城市生态绿心，应当坚持生态优先、林湖统筹、城湖融合、人水和谐，以绿道网络体系建设为牵引，优化提升生态景观和人文景观，促进东湖和周边的城市功能区协调发展，努力打造成为世界级城中湖典范。

2. 强化武汉商贸物流综合服务功能

一是以武汉铁、水、公、空一体化综合交通体系为依托，形成以武汉为区域物流组织中心的辐射系统布局，1 小时辐射省内主要城市，2 小时辐射中部省会城市，4 小时辐射北京、上海、广州、重庆中心等城市，12 小时辐射区域国际城市，24 小时辐射全球城市的设施系统。加快以武汉为牵头方的长江中游航运中心建设，加强长江中游地区港口资源整合和重组力度，联合推进武汉新港与九江港、岳阳港、黄石港、荆州港、宜昌港等港口的资产重组和整合，实现中游地区港口共赢，力争成为一体化程度较高的长江中游港口群。同时，引导生产要素向沿江聚集，充分发挥武汉国内最大内河港口城市优势，主动接受下游长三角产业辐射，加强与上游成渝区经济合作，促进全流域的联动发展，共同推进长江经济带的一体化建设。

二是加快形成现代商贸体系。历史上的武汉已有“货到汉口活”的商业神话，凭借优越的集散及辐射能力，武汉于 19 世纪中期，已成为中国内陆的开埠通商城市，在 20 世纪初已为中国仅次于上海的第二大国际商埠。武汉地处全国经济地理中心，具有开拓内需市场的发展成本效率优势。应支持武商、中百等中国零售企业百强企业率先走出去，在中部地区建立连锁分支机构，为走向全国做准备。并积极吸引世界知名商贸企业、顶级品牌的入驻武汉，打造中部购物天堂。同时，积极引进世界及全国知名物流企业入驻武汉，建设全国物流枢纽，形成覆盖全国、对接全球的货物集散中心功能框架。

3. 强化武汉高端服务功能

武汉建设国家中心城市，应实施“高端跨越”战略。从交通、流通的“两通起飞”，转向依靠高级生产要素（以总部经济为纽带，包括资本、人才、技术等元素在内的高端生产要素）实现跨域，依托东湖国家自主创新示范区，发挥后发优势，进一步缩小与北京、上海、广州等国家中心城市的差距。

一是延伸高端服务空间。武汉应加快构建以高端服务为主的现代产业体系，合理转移和外包传统服务业以及第二产业中的一般制造业。重点发展金融业、航运与现代物流业、信息服务业、研发服务业等能够在全球范围内集聚资源，大力推动“世界工程设计之都”建设。

二是培育“武汉价格”系列指数。加快汉口北市场集群电子商务交易服务中心等配套设施建设，推进生成服装、轻纺等系列价格指数，培育“武汉价格”，提升武汉打造国家商贸中心的经济控制力和市场辐射力。针对武汉在商业新业态、新业制、新模式的普及推广比其他的国家中心城市落后的现象，要从政策上给连锁商业、电子商务、网络购物、物流配送等新型业态发展以大力支持。减少新型业态和新商业模式的商贸项目审批环节，减免注册等费用；减免相关税收，鼓励武汉商贸业开展连锁经营、跨地区并购等；设立企业服务创新奖励基金，鼓励企业进行商业模式创新，给予进行创新的商贸企业提供贷款担保；将业态创新和商业模式创新纳入高新技术产业扶持体系和现代服务业引导资金范畴。

三是打造市场要素交易平台。针对武汉市缺乏大型市场要素交易平台的现状，借鉴广东省的经验，减少中间环节，提高效率，将武汉光谷联合交易所下放到武汉市，使其在长江中游城市群、中部地区乃至全国企业并购、资产重组、产权交易及经济结构调整中发挥着重要作用。同时尽快策划组建现代服务业交易中心、碳交易市场等新型市场平台，加快发展长江航运交易所、农村综合产权交易所等一批特色交易所。加快制定武汉建设国家商贸物流中心的统一规划。加快商贸物流信息化建设，加速推进形成以高端商贸服务业为核心竞争力的高端服务业产业体系。利用武汉国际博览中心国内第三大规模的优势，打造中部地区会展中心。

4. 强化武汉对外开放服务功能

充分发挥自贸区、武汉新港、保税物流中心、保税区和在汉的外资银行、跨国公司区域性总部、外国总领事馆等平台作用，服务长江中游和中部地区对外开放。与其他的国家中心城市相比，武汉非常明显的短板就是外国领事馆较少，只有 4 家。上海已有领事馆 61 家、广州 37 家，成都 11 家。而清末民初武汉有 20 家。在这个方面，武汉纵向比“今不如昔”，横向比差距更大。经验证明，开设领事馆都是大区性城市，可以覆盖周边一般性省会城市，而且往往会带来该国很多企业入驻。应尽快规划建设领事馆区，争取更多国家在汉设立总领事馆，开办签证业务。另外，要采取得力措施，吸引更多外资金融机构和跨国公司区域性总部落户武汉。

此外，武汉要带动中部地区的中欧班列运行常态化。2012 年 10 月 24 日，“汉新欧”班列开通；2014 年 10 月 30 日，“湘欧快线”始发；2015 年 6 月 26 日，合肥到欧洲地区的铁路货运专列开行；2015 年 11 月 24 日，南昌开往欧洲班列首发。应以武汉为龙头进行整合，因为武汉已经具有很好的基础。全国开行中欧班列线路共 39 条，武汉独占 9 条，不仅去程货稳居前三，而且回程货全国第一，而其他线路回程货很少，甚至是“有去无回”。湖南、江西到欧洲的班列开行频率较低，并且都要经过武汉，可以与武汉班列对接，有集装箱可随时拉来，避免“一天打鱼半个月晒网”。武汉是全国所有开通中欧班列线路中唯一回程货多于去程货的城市，与武汉联手还可以解决“有去无回”“去多回少”的问题。

第五章　长江上游地区城市群的发展战略

长江上游地区城市群，既包括跨省市的、属于“大城市群”（Megalopolis）级别的成渝城市群，也包括成都平原城市群、川南城市群等包含在成渝城市群中的次级城市群，还包括独立于成渝城市群之外的滇中城市群、黔中城市群、攀西城市群等。本章重点研究长江上游地区（重庆、四川、云南、贵州）这几类城市群的发展战略。

一、成渝城市群的发展概况

（一）成渝城市群基本情况

成渝城市群具体范围包括重庆市的29个区（县），其中27个区（县）整体划入，开县、云阳的部分纳入，四川省的成都、自贡、泸州、德阳、绵阳（除北川县、平武县）、遂宁、内江、乐山、南充、眉山、宜宾、广安、达州（除万源市）、雅安（除天全县、宝兴县）、资阳等15个市，总面积18.5万平方公里，常住人口9 094万，2015年地区生产总值达4.38万亿元。成渝城市群资源能源丰富，有良好的工业、农业、交通、科技、教育基础，是西部经济最发达、经济密度最高的区域。虽然成渝经济区与东部沿海相对发达的经济区相比有一些劣势，

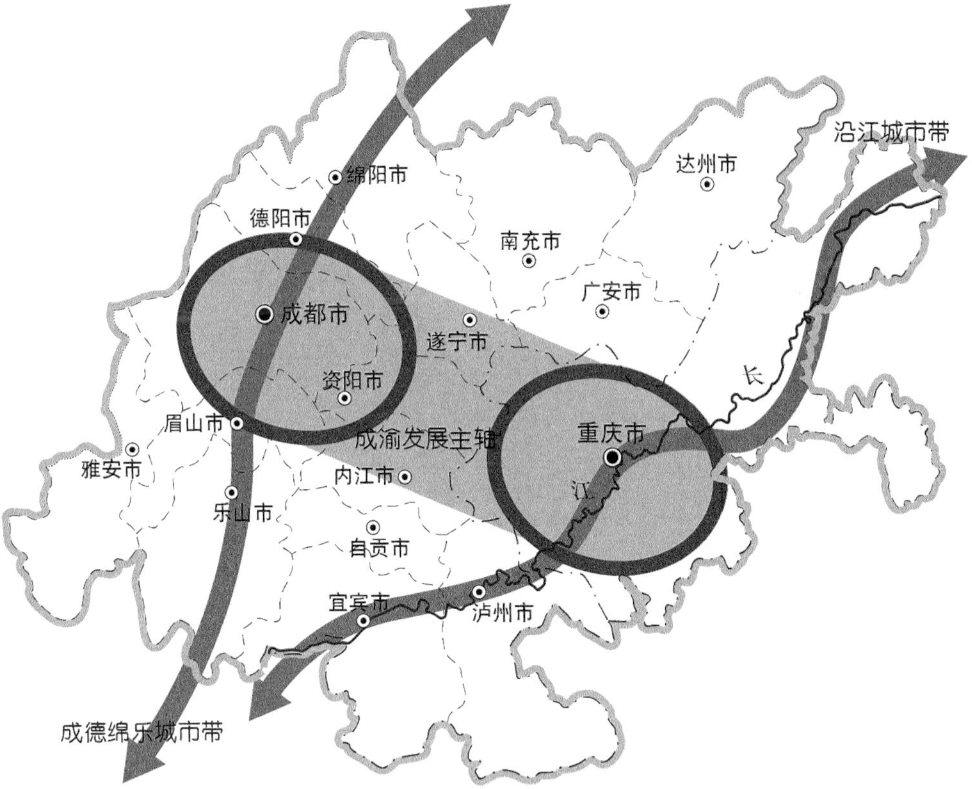

图 5.1　成渝城市群空间格局

但由于其位于西部的核心地区，具有连接西北、西南和通海达江的优越条件，构成了国家的战略后方基地；在产业结构上，全国能源基地、重型装备制造基地、国防科技工业基地的地位十分明显，近年来以 IT 产业为先导的高新技术产业及特色农副产品加工业等产业发展迅速。由于国家强调“共抓大保护，不搞大开发”，长江上游生态屏障作用越来越重要。

表 5.1　2015 年成渝城市群各城市 GDP 及构成

单位：亿元

城　市	地区生产总值	第一产业增加值	第二产业增加值	第三产业增加值
重　庆	15 719.72	1 150.15	7 071.82	7 497.75
成　都	10 801.2	373.2	4 723.5	5 704.5

续 表

城　市	地区生产总值	第一产业增加值	第二产业增加值	第三产业增加值
自　贡	1 143.11	127.96	664.42	350.73
泸　州	1 353.41	167.84	806.74	378.83
德　阳	1 605.1	208.2	940	456.9
绵　阳	1 700.33	260.05	858.93	581.35
遂　宁	809.55	139.21	449.29	221.05
内　江	1 198.58	191.15	717.78	289.65
乐　山	1 301.23	142.5	767.05	391.68
南　充	1 516.2	335.23	741.11	439.86
眉　山	1 029.86	159.64	578.14	292.08
宜　宾	1 525.9	216.35	889.89	419.66
达　州	1 347.83	281.66	712.96	353.21
广　安	1 005.6	163.3	520.2	322.1
雅　安	502.58	72.44	280.92	149.22
资　阳	1 270.4	250.9	702.9	316.6
总　计	43 830.6	4 239.78	21 425.65	18 165.17

资料来源：2015 年各市统计公报，重庆、绵阳、达州、雅安均是采用全市数据。

（二）成渝城市群的战略定位

2011 年 3 月 2 日国务院常务会议讨论并原则通过《成渝经济区区域规划》，明确要求“加快形成辐射作用大的城市群”。其空间结构是重庆、成都双核。国务院要求“充分发挥引领区域发展的核心作用，加强重庆、成都城市之间的资源整合，优化城市功能，实现错位发展，打造带动成渝经济区发展的双引擎和对外开放的门户城市”。2016 年 3 月获批的《成渝城市群发展规划》将成渝城市群定位为“引领西部开发开放的国家级城市群”。具体要求是建成“两地三区”：

一是全国重要的现代产业基地。加快推进新型工业化进程，培育壮大新动能，加快发展新经济，实施“互联网+”行动计划，创新承接产业转移，打造全国重要的先进制造业和战略性新兴产业基地，发展现代服务业，建设世界级文化旅游目的地、全国重要的商贸物流中心、长江上游地区金融中心等现代服务业高地，建成产业链完善、规模效应明显、核心竞争力突出、支撑作用强大的现代产业基地。

二是内陆开放型经济战略高地。充分发挥重庆、成都长江上游开放高地优势，依托长江黄金水道强化对内合作，依托西南西北通道强化对外开放。完善开放体系，健全开放平台，创新内陆开放模式，建成西南地区国际交往中心、国家向西开放战略支点，打造推动长江经济带与丝绸之路经济带联动发展的战略性枢纽。

三是西部创新驱动先导区。充分发挥重庆、成都国家创新型城市和绵阳国家科技城等创新资源优势，聚焦重点领域和关键技术，促进创新资源综合集成，加快区域创新平台建设，推进全面创新改革试验，健全技术创新市场导向机制，激发企业、大学和科研机构创新活力，强化科研成果转化，推动军民融合发展，建设成为西部创新驱动先导区。

四是统筹城乡发展示范区。总结重庆、成都全国统筹城乡综合配套改革试验区十年来的建设经验，重点突破农业转移人口市民化、农村产权流转交易、新型农业经营体系构建、城乡要素自由流动、城乡统筹规划、农村基层治理创新等方面的体制机制障碍，推广行之有效的经验做法，全域推进城乡统筹发展，形成以工促农、以城带乡、工农互惠、城乡一体的新型工农、城乡关系，为长江经济带和全国作出示范。

五是美丽中国的先行区。优化国土开发空间，构建生态安全格局，打造长江上游生态屏障。依托江河湖泊丰富多样的生态要素，发挥历史文化遗存和风景资源丰富、山水聚落独特的优势，建设显山露水、透绿见蓝的区域开敞空间，建设有历史记忆、文化脉络、地域风貌、民族特点的美丽城市，形成城在绿中、道在林中、房在园中、人在景中的山水城市群，为全国生态文明建设作出示范。

（三）推进成渝城市群合作

成渝城市群位于长江上游，是我国自然资源富集区之一，已形成以汽车摩托车、化工医药、冶金、机电、能源、旅游等为支柱的经济体系，是西部地区重要的经济中心。早在2001年，成渝两地就签订了《重庆成都经济合作会谈纪要》，提出携手打造“成渝经济走廊”。2004年起，四川、重庆分别成立成渝经济区区域合作领导小组，每年进行一次高层互访，共同召开合作论坛和区市县长联席会议，对成渝经济区建设和发展起到明显的推动作用。双方签订“1+6”协议：在共谋长江上游经济区发展的框架协议下，进行交通能源、旅游、广播电视、文化、农业、警务联勤等方面的合作。2007年4月，四川省和重庆市签署《关于推进川渝合作、共建成渝经济区的协议》，首次共同确定成渝经济区的地理范围，确定建立统一的工作和协调机制，并就一系列问题达成协议。《成渝城市群发展规划》的获批，将推进城市群的深入合作、加快发展。

1. 推动交通基础设施互联互通

重点打造以重庆、成都为中心的“一主轴、放射状”的城际交通网络。“一主轴”，指重庆至成都铁路客运专线为主通道的运输主轴，2009年，成渝两地之间开行动车，两地间的车程从3个多小时缩短至2个小时；2015年12月26日，两地开行高铁，时空距离再次缩短到1.5个小时。“放射状”，指分别以重庆、成都为中心向外辐射。2015年9月，国家发改委发布了《成渝地区城际铁路建设规划（2015—2020年）》，规划范围包括四川省成都、绵阳、自贡、泸州、德阳、广元、遂宁、内江、乐山、资阳、宜宾、南充、达州、雅安、广安、巴中、眉山等17市和重庆市全域。

在高速公路方面，成渝城市群将建成成都经济区环线高速公路，形成串联成都及周边德阳、资阳、眉山等城市的高速大环线；结合成都天府国际机场建设进度，同步开工建设成都新机场高速，对外连接规划的资广潼高速，形成直接联系重庆的第四条高速公路通道。

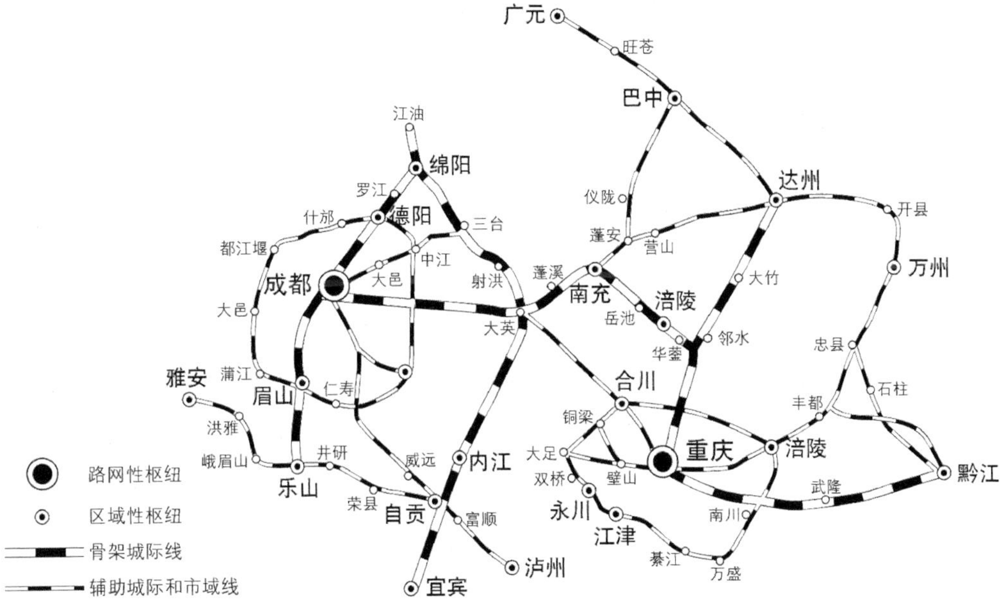

图 5.2　成渝地区城际铁路网规划示意图

在水运方面，强化重庆港主城港区功能，有序推进泸州、宜宾、涪陵、万州、乐山、南充、江津、合川重点港（港区）建设。加快长江干线及岷江、嘉陵江、乌江高等级航道建设，形成“一主三辅”的水路运输格局。改善长江宜宾至重庆段航道条件，实施岷江、嘉陵江航电枢纽项目，整治乌江航道。

2. 加强产业分工与协作

借助优越的交通条件，成渝城市群正在谋划川渝汽车、电子、轨道交通、新材料等产业协同创新，通过产业分工与协作，提升区域产业竞争力。

首先，发展壮大优势产业集群。一是装备制造产业集群。充分发挥长江黄金水道的大重件运输通道优势，推动汽车、重型机械、船舶配套设备等向沿江地区集中。利用重庆主城、成绵乐沿线装备制造产业基础，优化提升航空航天、能源设备、节能环保设备、内燃机及通机、仪器仪表、轨道交通等产业。发挥成渝综合通道优势，在成内渝、成南渝沿线重点发展数控机床、汽摩整车、机器人、成套电气、机床工具、现代农业机械等产业。二是战略性新兴产业集群。瞄准全球和国家科技创新趋势，联合打造一批创新型园区和战略性新兴产业基地，重点突破创新链的关键技术、产业链的关键环节，加快形成电子核心部件、新材料、物联网、机器人及智能装备、高端交通装备、新能源汽车及智能汽车、生物医药等战略性新兴产业集群。三是能矿资源加工产业集群。深度转化特色优势资源，促进资源加工产业就地集群化发展。促进油气资源精细化利用，开展页岩气开发利用，提升天然气化工产业技术水平和产品层次，大力发展化工新材料产业。积极发展循环经济，共同推进资源综合利用示范基地建设。

其次，共同打造国际旅游目的地。以成都、重庆国际旅游都市为引领，彰显巴蜀文化特色，整合大足石刻、长江三峡、都江堰—青城山、乐山大佛—峨眉山、大熊猫栖息地等自然与文化遗产资源，共同打造精品旅游线路，构建国际精品旅游区，建设充满文化魅力的国际休闲消费中心。

第三，共建产业园区。在支持重点园区发展上，控制园区数量、提升园区质量，做大做强国家级和省级经济开发区、高新技术产业开发区、综合保税区、出口加工区等重点园区，建设一批产值千亿百亿元级园区。

3. 增强区域创新能力

建立联合创新机制。探索建立成渝城市群科技创新重大项目建设协调制度、创新机构共建制度和区域科技联合攻关制度等，推进科技资源开放共享。各城市要相互开放各级重点实验室、工程技术研究中心、大型公共仪器设备等科技基础设施，推进科技文献、科技信息、专家库、水文资料等科技资源的协作共享，促进科技资源的跨区域流动。鼓励成渝城市群各方技术力量参与应用性开发，培育形式多样的科研成果协同转化基地、产业转化园地等，吸纳不同体制不同功能的单位优势互补合力攻关，在成渝地区形成研发、中试、应用的完整创新产业链。着力推动成渝城市群科技服务业发展，扩大科技中介市场发展规模，提高其专业化程度，强化产学研联盟中间环节，更加重视科技服务中的技术转移服务，完善产学研链条，让区域科研成果提高走向市场的成功率和收益率。

打造创新发展平台。依托国家创新型城市、创新型省份和创新型城市建设，大力推进大众创业万众创新，以天府新区、两江新区和一批国家级高新技术开发区为载体，打造成渝创新驱动核心区。建设四川国家全面创新改革试验区，加快成都国家自主创新示范区和绵阳国家科技城建设，推动重庆经济技术开发区、成都经济技术开发区等国家级园区提升自主创新能力。鼓励高校、科研院所和地方共建科技创新平台、高新技术产业基地和现代农业科技示范园。鼓励发展创新工场等新型创业孵化器，建设低成本、便利化、全要素、开放式众创空间。

4. 共建生态屏障和生态廊道

坚持区域生态建设一体化，推动群内群外生态建设联动，加快推进与城市群生态安全关系密切的周边重点生态功能区建设，筑牢城市群生态安全屏障。强化省级统筹，推动毗邻地区与川西、川北、渝东南等共建川滇森林及生物多样性生态功能区、大小凉山水土保持和生物多样性生态功能区、武陵山区生物多样性与水土保持生态功能区、秦巴生物多样性生态功能区、三峡库区水源涵养与水土保持生态功能区。

构建以长江、岷江、大渡河、沱江、涪江、嘉陵江、渠江、乌江、赤水河为主体的城市群生态廊道。加强流域水生态系统保护与修复，开展湖滨带、重点湖库及小流域水土流失综合治理，因地制宜实施坡改梯并配套坡面水系工程，发展特色林果业，推进库区及上游生态清洁小流域建设。

5. 积极融入丝绸之路经济带

加强重庆、成都中欧国际班列的常态化运作，加强与欧盟国家在高新技术、高端装备、研发设计、新能源、新材料等领域的合作。推动建立与中东欧国家在物流运输、文化旅游、食品农产品进出口等方面的合作新机制，积极探索开展跨境贸易本币结算等金融合作。与长江中游城市群携手，深化与俄罗斯伏尔加河沿岸联邦区经贸合作机制，鼓励优势企业转移部分产能，支持企业在俄建立海外仓。发挥地缘优势，扩大与东盟区域和大湄公河次区域合作交流。鼓励企业参与孟中印缅经济走廊、中巴经济走廊、南宁—新加坡经济走廊建设。鼓励发展面向沿线国家的电子商务，探索共建一批国际经贸合作园区。

二、长江上游地区各省城市群发展概况

（一）四川省城市群发展概况

2017 年 3 月，四川省委、省政府印发《关于加强城市规划建设管理工作的实施意见》，明确到 2020 年将构建以四大城市群为主体，以成都国家中心城市为龙头，大中小城市和小城镇协调发展的城镇化发展格局。四大城市群是：成都平原城市群、川南城市群、川东北城市群、攀西城市群。

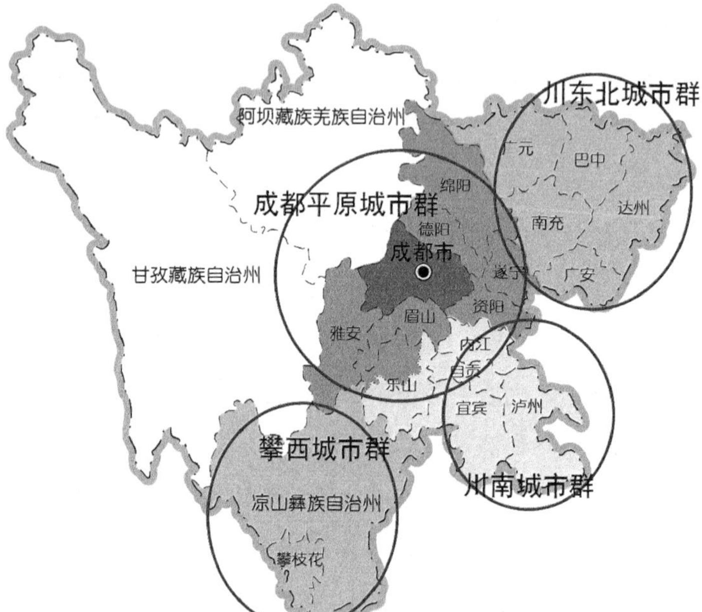

图 5.3　四川省四大城市群布局

1. 成都平原城市群

成都平原城市群范围为成都市、德阳市、绵阳市、眉山市、资阳市，遂宁市以及雅安的雨城区、名山区，乐山市的市中区、沙湾区、金口河区、五通桥区、峨眉山市和夹江县共 54 个区（市）县，面积约 6 万平方公里。人口达 5 000 万。

图 5.4 成都平原城市群范围及高新支柱产业布局

《成都平原城市群发展规划（2009—2020）》确定建设三个都市圈，即成都都市圈、绵阳都市圈和乐山都市圈。成都都市圈以成都为中心，包括成都市市域全部区县，德阳市旌阳区、广汉、什邡、绵竹、中江，眉山市全部区县，资阳市雁江区、乐至，雅安市雨城区和名山。这些是成都平原城市群的首位都市圈，都市圈内通勤时间小于 1 小时。成都都市圈主要分为核心区、紧密区和外围区三个圈层。其中核心区指中心城区，紧密区包括龙泉、简阳、金堂东片区、新都、青白江、广汉、金堂西片区、双流、新津、彭山、温江，外围区则是指德阳市旌阳区等。绵阳都市圈以绵阳为中心，包括绵阳市域的全部区县，德阳市的罗江。乐山都市圈以乐山为中心，包括乐山市中区、五通桥区、沙湾区、夹江县、峨眉山市、金口河区。绵阳都市圈和乐山都市圈都是成都平原城市群的次级都市圈，都市圈内通勤时间小于半小时。

加快成都平原城市群发展，首先打造成都国家中心城市，增强成都都市圈的辐射带动能力。推动成都提质升位、转型发展，加快优化产业空间结构，并形成装备制造、化工、高新技术、现代服务等多个产业聚集区。成都要携手绵阳、德阳等城市共同构筑世界级旅游休闲目的地、打造国家级战略产业基地、构建内陆领先的多中心都市连绵区、合作形成西部绿色发展示范区。其次，构建多条城镇发展带，构建一体化城市群空间形态。构筑以成都为中心城际快速通道。突出绵阳—成都—乐山城镇发展带，强化成都—遂宁城镇发展带、成都—资阳城镇发展带及三台—中江—淮口—简阳—成都新机场—仁寿城镇发展带。通过城镇发展带对区域经济的先导拉动作用，促进社会经济发展一体化，把成都平原城市群建设成为西部地区核心增长极、内陆开放高地、最具竞争力的城市群，提升整合区域经济在长江经济带中的发展水平和竞争力。

2. 川南城市群

川南城市群的范围是四川盆地南部的内江、自贡、宜宾、泸州四市及乐山市的犍为、沐川、井研、峨边、马边五县。川南城市群既承接成渝，也辐射云贵北部。川南城市群经济总量占四川全省五分之一左右，是四川省第二大城市群。

川南四市探索走出了一条抱团发展的路子。一是整合四市的优势和资源，共同融入“一带一路”建设和长江经济带发展战略，积极推进“走出去”和“引进来”，切实发挥推动区域协调发展、提升川南经济区整体形象的作用。二是促进产业分工协作。自贡以节能环保装备制造、盐及盐化工、新材料等产业为主；泸州发展饮料食品、能源、化工等产业；内江发展电力能源、电子信息、机械汽配、再生资源综合利用等产业；宜宾发展名优白酒、综合能源、轻纺化工等产业，四城基本实现产业错位、产业互补。三是推动同城化发展，形成一个具有特大城市功能的城市群，从根本上改变成渝经济区乃至西南地区区域不协调发展的

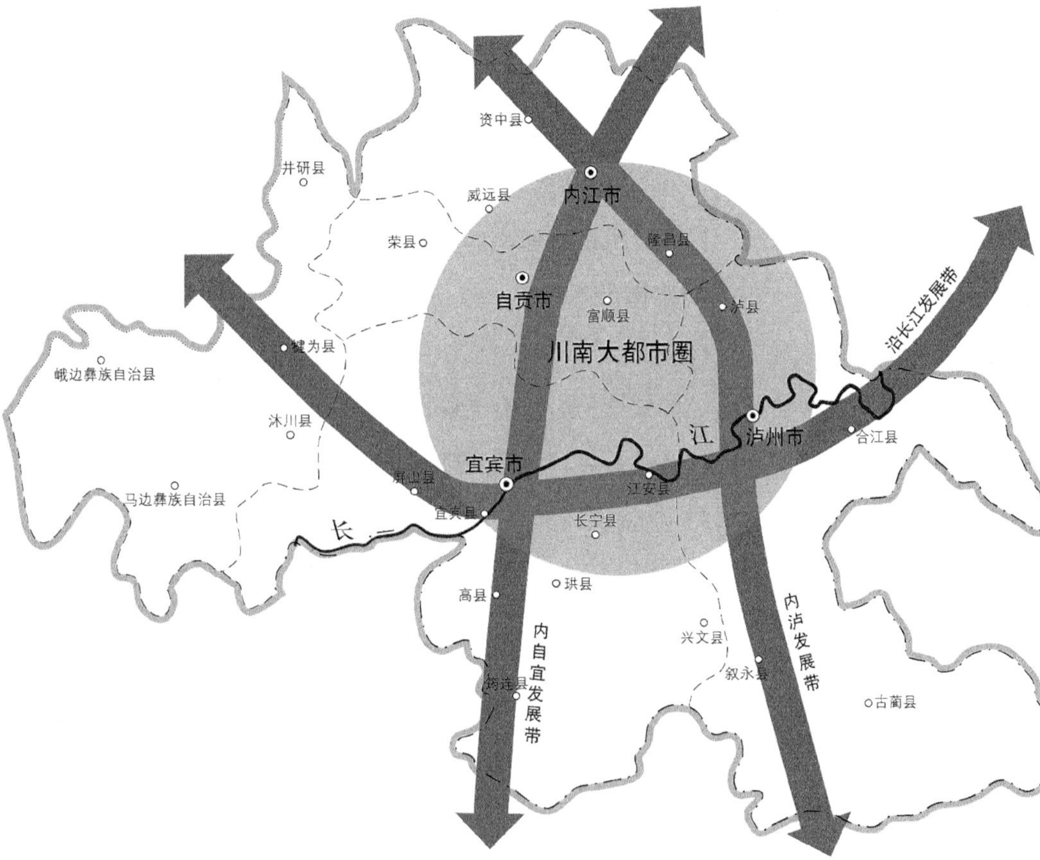

图 5.5　川南城市群范围及主要发展带

局面。

“川南地区”作为一个人文地理范畴在 20 世纪 60—70 年代就已提出。20 世纪 80 年代后期以来国家及四川省内学者开始将其作为一个经济地理区域加以研究。2015 年 3 月公布的《四川省新型城镇化规划（2014—2020 年）》要求川南城市群加快沿长江城镇发展带、内泸—贵州城镇发展带和内宜—云南城镇发展带建设，构建多中心城市群空间形态。提升四个区域中心城市综合承载能力，加快发展中小城市。把川南城市群建设成为辐射滇黔、向东向南开放的一体化发展地区和成渝经济区发展的新兴增长极。

3. 川东北城市群

川东北城市群位于四川省东北部，大致范围在嘉陵江中上游（包括涪江和渠江两支流的大部分），以兰渝铁路、广渝高速公路和嘉陵江航道等为依托，包括南充、广安、达州、广元、巴中五个地级市。

一是要确立“双核”结构。川东北城市群城市数量较多但多为中等城市，分散于区域内部，区域中心城市作用不显著，城市间的相互协作程度不高。因此，川东北城市群的打造可发挥南充与达州双中心作用。选取南充作为区域发展的核心城市，同时选取达州为区域增长极进行重点培育。南充应充分发挥其自身劳动力资源和矿产资源优势，积极发展劳动力密集型产业，同时利用其地理优势加强与重庆地区的合作。达州则应加强对老旧工业改造，发挥交通枢纽作用，引进一部分新兴产业，加大城镇化发展的产业支撑。各城市加强协作，通过南充与达州

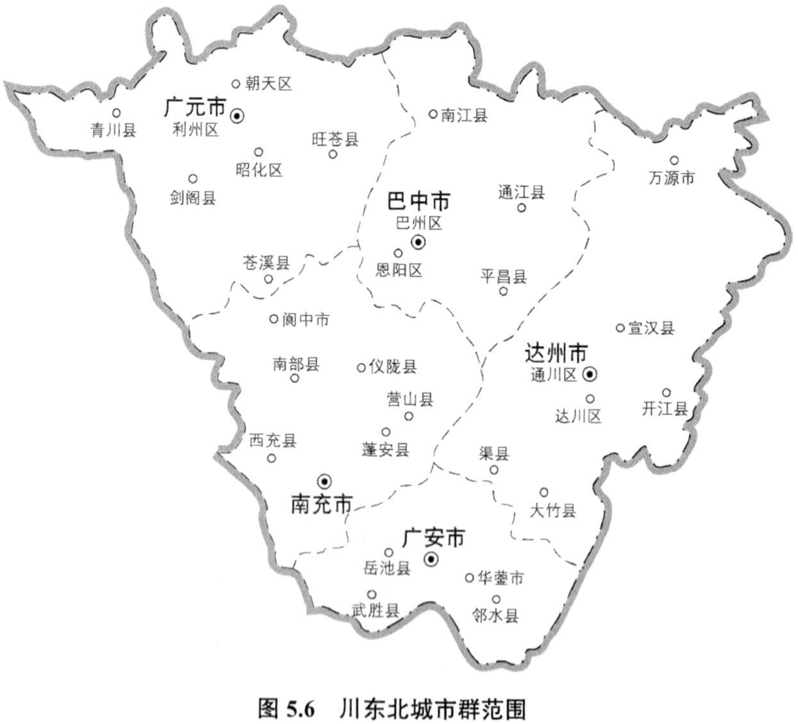

图 5.6　川东北城市群范围

的优先发展来带动川东北城市群整体发展。①

二是要完善综合交通运输体系。重点改善与华中、华东、西北、华北的联系，形成连接长三角地区、环渤海湾、欧亚大陆桥的铁路通道；发挥嘉陵江、渠江作为经济区内河航运主航道的作用，全面加强嘉陵江、渠江航道建设，进一步提升航道等级，畅通与长江黄金水道的联系。推进广安港、南充港和广元港专业化码头建设。

三是加强长江上游地区生态建设和环境保护。加快推进秦巴山区和嘉陵江流域生态建设，划定生态红线，有效控制污染物排放，提高防灾减灾能力，促进经济社会发展与资源环境相协调。大力发展循环经济，提高资源重复利用率水平，减少污染物排放。

四是积极承接产业转移。重点发展汽摩、医药、战略性新兴产业。把川东北城市群建设成为川渝合作和川陕革命老区振兴发展示范区、全省发展的新兴增长极。

4. 攀西城市群

攀西城市群位于四川省西南部，是四川省培育的新城市群，正处在形成过程中。范围包括攀枝花市、西昌市、冕宁县、德昌县、米易县等位于攀西大裂谷的安宁河平原，行政区划包括攀枝花市和凉山彝族自治州，共计20县、市。南起攀枝花市，经西昌市，北到冕宁，纵贯340公里，面积6.36万平方公里，“六普”常住人口574万余人。

攀西地区是中国西南地区大型钢铁、钒钛冶炼基地和水电基地，四川蔗糖基地。四川省2012年编制完成并上报《攀西战略资源创新开发试验区建设规划》，规划的攀西战略资源创新开发试验区范围涉及3个市（州）13个县（市、区），分别是攀枝花市东区、西区、仁和区、米易县、盐边县，凉山州西昌市、冕宁县、德昌县、会理县、会东县、宁南县，以及雅安市汉源县和石棉县，总面积

① 胡锡琴、李刚磊、瞿伟：《基于因子分析法的城市群综合竞争力研究——以四川省四大城市群为例》，《国土资源科技管理》2016年第5期。

图 5.7 攀西城市群范围

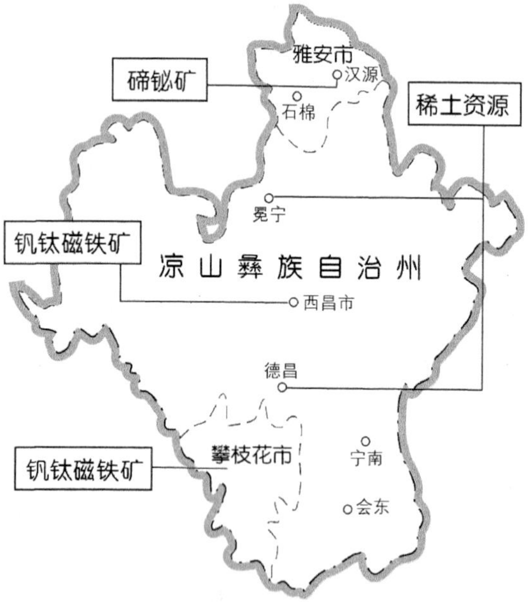

图 5.8 攀西战略资源创新开发试验区图

3.1 万平方公里。2013 年初，国家发展改革委正式复函，同意设立攀西战略资源创新开发试验区。这是全国唯一获准设立的资源开发综合利用试验区。攀西战略资源创新开发试验区的总体目标是建成世界级钒钛产业基地、我国重要的稀土研发制造中心和有色金属深加工基地，打造国内资源富集地科学开发利用资源的示范区。

《四川省新型城镇化规划（2014—2020 年）》要求："强化安宁河谷—攀枝花城镇发展带和金沙江沿江城镇发展带，构建点轴状城市群空间形态。提高攀枝花城市建设质量和水平；严格保护自然生态和民族文化，突出西昌城市特色。把攀西城市群建设成为以战略资源开发为特色的新兴增长极、四川南向开放的桥头堡。"

（二）云南省城市群发展概况

云南省城市群的发展主要以滇中城市群为重点。滇中城市群包括昆明、曲靖、玉溪、楚雄四州市行政辖区范围，总规划面积 94 558 平方公里。滇中城市群具有从陆上沟通太平洋和印度洋，连接中国、东南亚、南亚三大市场的特殊区位优势，是我国面向西南开放的重要桥头堡，是长江经济带各省市走向东南亚、南亚的重要战略支点。

滇中城市群最早的规划，是 1996 年云南省建设厅从城市建设角度组织编制的《昆楚玉曲城市群规划》(1998 年获省政府批复）。此后，省政府对滇中城市群发展的支持力度不断加大。2006 年，滇中城市群规划论坛在昆明召开，会上四方达成"加强滇中城市合作、推进整体竞争力提升"的共识。2009 年 5 月，云南省住建厅等省级部门及相关市组成的联系审查团对《滇中城市群规划修编 2009—2030》进行审查。2009 年 10 月，云南省发改委编制的《云南省滇中城市经济圈协调发展规划（2009—2020）》曾向社会公开征求意见。该规划勾勒出滇中城市经济圈建设的大致合作轮廓，使滇中 4 城的合作方向更为清晰。2011 年 5 月，云南省政府批复同意《滇中城市群规划》实施。

滇中城市群近期发展重点：一是加快推进通道建设。充分利用国际协调机制推动国际大通道境外段建设，深化与周边国家的交通合作，进一步加强综合交

图 5.9　滇中城市群范围

通运输体系和信息传输系统建设，形成内联长江经济带，外接东南亚、南亚，进入印度洋的战略通道。编制金沙江黄金水道综合交通专项规划，加快金沙江中游库区航运、水富港等基础设施建设，实现金沙江—长江水运对接。二是打造临空经济区。加速昆明新机场航空网络建设，适时开通昆明至长江沿岸城市的“空中巴士”航线，增辟昆明至东南亚、南亚各国首都和中东—沙特阿拉伯首都迪拜的国际航线；同时积极开发欧美、澳大利亚等国际市场，不断扩大滇中城市圈发展的经济腹地，将昆明机场建设成为“面向东南亚、南亚、中东，连接欧亚的长江经济带西南门户枢纽机场”。三是加大对长江上游地区水土流失的治理，加强环境保护。加快推进《滇中环境保护与污染防治规划》等有关专项规划的编制和实施，为生态建设、环境保护、污染综合防治等提供科学依据，从源头上保护长江。四是加强“五通道”建设。推进滇东北通道、滇西北通道、滇西南国际通道、滇南国际通道、滇东南通道同步建设，充分利用昆明经曲靖至上海的沪昆铁路和公路，有效衔接长三角地区与东南亚、南亚等周边国家。

（三）贵州省城市群发展概况

黔中城市群处于全国“两横三纵”城市化战略格局中沿长江通道横轴和包昆通道纵轴交汇地带。范围包括贵阳、安顺、遵义、都匀、凯里等，面积 10.4 万平方公里。黔中城市群是中央深入实施西部大开发战略提出的重点培育的贵州省域重要增长极，是贵州省的核心经济区域，具有明显的区位和地缘优势，环境承载力较强，发展空间和潜力很大。城市群内矿产资源分布相对集中，工企业基础较好，在全省生产力布局中居重要战略地位。

健全“1+8+5”城市体系。“1”就是贵阳主城区，这是黔中城市群的核心；“8”就是主城区外围的 8 个小城市，即息烽、开阳、龙里、贵定、惠水、平坝、黔西、织金等；“5”就是以贵阳为核心的 5 个城市组团，即遵义组团、瓮安组团、黔南组团、安顺组团、毕节组团。同时，逐渐将基础较好的镇发展为节点城市，并构建“城市三角形”，让相邻的城市建立起更加紧密的联系。在此过程中，比较重要的“三角形”包括“修文—息烽—开阳”三角形、“龙里—福泉—黔南”三角形、“余庆—瓮安—黄平”三角形。①

发挥贵安新区示范作用。国家重视这一区域的发展，2014 年 1 月国务院批

① 孟祥林：《黔中城市群：“1+8+5”模式的城市体系发展研究》，《西部经济管理论坛》2015 年第 4 期。

图 5.10　黔中城市群范围

复同意在贵阳市和安顺市结合区域设立贵安新区，从而成为全国第 8 个新区。贵州积极推动贵阳、安顺一体化发展，发挥黔中城市群在要素配置、产业集聚、技术创新等方面的重要作用，努力使其成为贵州省对外参与国内外经济竞争与合作、对内带动全省区域经济社会加速发展的核心区域。

强化城市群内外协调。一方面，做好城市群内部协调。进一步做大黔中城市群区域内中心城市，培育发展中小城市，打造黔中城市带，推进黔中城市群内部城市之间和城市内部的重大基础设施和公共服务设施建设，优化重大产业布局，提高区域基础设施支撑能力、产业支撑能力、人口聚集功能，建立统筹、共建、共享的区域合作制度框架。另一方面，做好城市群外部协调。黔中城市群以贵阳为核心，处于成渝城市群、长株潭城市群、滇中城市群的中间。加强与这些外部城市群的联系，在更大范围内配置生产要素，以促进西南区域经济快速发展。

三、长江上游地区城市群发展重点

（一）以大城市为核心带动城市群整体发展

一是着力于提升大城市的辐射带动能力。大城市尤其是省会城市要明确自身功能及产业定位，强化分工意识，推进区域优势互补，提高资源配置效率，促进区域产业结构升级，增强区域整体竞争力，实现城市间的产业互补和共赢发展。城市群的中心城市应当积极发挥其包括金融、人才、技术、贸易信息等在内的综合性服务功能，推动传统工业向周边城市转移，大力发展第三产业。中心城市周边的大中小城市应依据自身比较优势，明确自身产业发展方向，科学布局产业园区，积极承接中心城市的传统工业及制造业，并大力发展与中心城市主导产业配套的加工、生产及制造基地。

二是努力实现城市群内公共服务均等化。西部地区在推进新型城镇化的过程中应摒弃传统的“以大管小”的发展机制，进一步全面深化经济体制改革及行政体制改革，推动生产要素在区域内的自由、公平流动，进一步强化政府在矫正市场失灵方面的宏观调控能力，从而实现公共资源及公共权力在大中小城市及小城镇间的协调配置。进一步打破行政壁垒，破除地方保护主义的制约性作用，按照区域一体化的思路及要求，充分发挥大城市的辐射及分散作用，推动包括资本、技术等在内生产要素流向中小城市及小城镇，推动大城市的基础设施向中小城市及小城镇开放及共享，构建区域一体化的公共服务供给机制，形成“以大带小”效应，从而实现城市群区域内的大中小城市及小城镇协调发展。

三是加快行政体制改革。积极破除行政分割现象，推动基础设施及公共权力在区域内的合理配置，进一步转变政府职能，着力构建服务型政府，使政府更好地发挥宏观调控作用；全面深化经济体制改革，建立建设统一开放、竞争有序的现代化市场体系，使市场在资源配置方面发挥决定性作用，提高资源配置的效率及公平性。

四是推进成渝城市群与黔中和滇中城市群的一体化发展，科学规划长江上游城市群。以重庆为核心，重点建设渝蓉主轴带和沿长江、成绵乐（成都—绵阳—乐山）等次轴带城市群；建设渝筑昆主轴带和遵义—贵阳—安顺主轴带城市群、曲靖—昆明—楚雄、玉溪—昆明—武定发展轴城市群，共筑长江上游一体化的城市群。

（二）加强各城市群生态环境保护建设

区域生态生态环境的保护是长江上游各城市群可持续发展的根本保障。各城市群要运用现代科学技术，合理利用区域内资源、环境、时空的有效功能，把生态环境建设与社会经济发展、城镇建设有机结合起来协调发展，力争建设成一个较为完善的、可持续发展的生态城市群。

一是加强广域协调与制度保障。长江上游地区各城市群大多地处是国家重要的生态保护区，对生态环境的保护，不仅事关本区域的社会经济发展，而且更重要的是对整个长江流域、对国家的生态环境都有重大影响，因此，必须从人的思想观念入手，彻底改变人们的传统发展观念，从多角度向人们灌输可持续发展思想。同时，不断加强资源与生态环境的保护与优化。各城市群一方面要建立区域协调机制，以法律、制度、政策等保障实施；另一方面要建立起城市群之间有效的监督协调机构，由专家来监督协调经济发展过程中资源环境保护工作。

二是积极建设生态城市群。全面加强上游各城市群重点城市水污染综合治理，开展城市水环境综合治理，沿河湖城镇集中建设污水处理设施等；控制大气污染与防治酸雨，重点治理主要城市和大气污染严重的工业企业，改善能源生产和消费结构，加大清洁能源的比重等，从而使多数地区大气和水的质量达到或接近国家规定的环境质量二级标准，实现发展与环境保护同步。同时，加强生态网络建设，不断深化生态建设内涵，重点规划建设由国家自然保护区、国家森林公园、绿带、主要湖泊和水系、大型生态花园和文化公园及街心花园等组成的生态基础设施。

三是联手进行环境整治，实现区域可持续发展。合理利用土地资源和有步骤地开发自然资源，开展长江上游地区城市群环境与生态规划工作，加强长江上游地区城市群自然资源和生态环境保护，集约利用有限资源，建立可持续发展的资源环境支撑体系，其中包括建立节约型农业生产体系，建立以重效益、节能、节材、产业生态化为中心的工业生产体系，建立以节约运力为中心的综合运输体系，建立节约资本与资源的技术经济体系。建立长江上游地区城市群环境保护机制，多渠道筹集环保资金，并制定鼓励发展环保产业的相关政策，实施环境治理与保护的区域联动。

（三）联合构建开放型经济体系

一是全面融入国家“一带一路”建设和长江经济带发展战略。依托“渝新欧”和“蓉欧”大通道、长江黄金水道、泛亚铁路大通道，充分发挥战略连接点的枢纽作用，增强在西部开发开放中的聚集辐射能力。构建国际国内合作发展新机制，探索与“一带一路”沿线国家和地区经贸合作新途径。探索投资合作新模式，以商贸互通带动投资互动，积极参与合作建设境外产业集聚区、经贸合作区等各类园区。加强与沿线及周边地区产业合作，培育具有国际竞争力的产业集群。

二是加大“引进来”“走出去”力度。积极承接国际产业转移，主动参与全球产业分工。大力推行全价值链“垂直整合”等招商引资模式，引导外资广泛布局研发、设计、生产、销售、结算等价值链全流程业务。建立健全“走出去”支撑体系，积极培育本土跨国企业，鼓励企业借助国家“一带一路”战略，积极稳妥开展海外投资、跨国并购，拓展国际市场。大力发展工业产品出口。结合国企改革，以名牌产品为龙头，结合资产重组、兼并，组成跨省（市）、跨部门、跨行业和跨国经营的企业集团，充分依托“一带一路”建设的契机，大力开拓国际市场。

三是提升金融业开放发展水平。成渝城市群、滇中城市群、黔中城市群要发挥各自优势，合作开拓金融市场，建立区域银行，联合对外融资。其他各次级城市群要加强区域内金融机构的协作，聚集国内资金支持重点项目，同时加强与外商之间的融资合作，联合对外引资。积极对接“丝路基金”。中国出资 400 亿美元成立丝路基金，其优势是可以进行中长期的投资，但因为受到融资杠杆率的约束，中国企业和金融机构“走出去”普遍存在债权比较多、股权比较少以及工程承包比较多、经营管理比较少的问题。丝路基金可以通过股权投资与其他的融资方式进行搭配，通过直接投向项目或者通过委托方式，将资金投给企业，由企业出面进行股权投资。重庆、成都、昆明、贵阳等城市条件较好的企业，都可以融入。这样不仅能够支持企业提高融资能力，而且可以支持其加强对项目的掌控能力，以及实现项目的后续经营管理，加大企业“走出去”的深度。

四是深化体制机制改革。打破行政区划束缚，联合建港、用港。加强长江上游干流与支流港口之间、港口与腹地之间的分工协作与联合，提高生产要素在行政间、产业间的配置效率，实现产业结构的优化升级，减少不良竞争。长江上游各城市群必须根据自己的比较优势来确定主导产业，充分发挥比较优势和错位发展，实现各省市生产力布局的优化，注意各个地区之间的交流与合作，实力强的城市群应注意向落后的腹地城市群辐射，改造和提升腹地的传统产业，最终实现环长江上游地区的稳定、快速、协调发展。加快长江上游地区各城市群协调发展，实现区域经济一体化，探索建立符合社会主义市场经济发展的新型协调发展机制。既要使市场在资源配置中发挥决定性作用，又要有效发挥政府规划和政策的积极引导和调控作用。同时，进一步不断探索和创新这些协调机构的责权范围、议事规则、组织结构、管理机制等相关制度的制定。

四、充分发挥重庆超大城市的带动作用

（一）实施“一圈两翼”战略

重庆市布局的是“一圈两翼”区域空间结构，即以都市区为中心的一小时经济圈，以万州为中心的三峡库区核心地带为渝东北翼，以黔江为中心的乌江流域和武陵山区为渝东南翼。实际上是形成重庆都市圈、渝东北城镇群、渝东南城镇群三个次级城市群。

重庆都市圈包括都市区及涪陵、江津、合川、永川、长寿、綦江、大足、潼

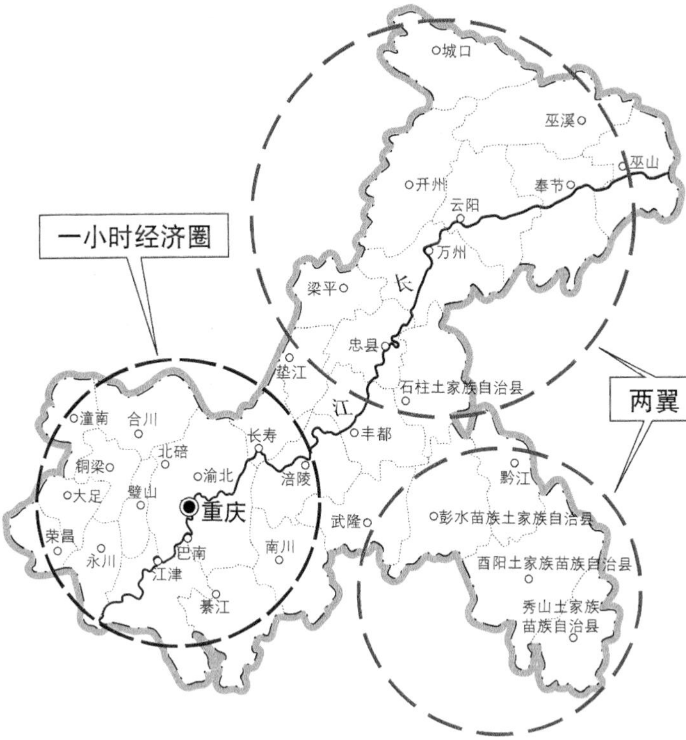

图 5.11　重庆市“一圈两翼”布局

南、荣昌、铜梁、璧山、南川、万盛、双桥等 23 个区县，面积 2.87 万平方千米。依托长江水系和铁路、高速公路、机场等一体化综合交通网络，打造一小时经济圈，形成网络型、开放式的区域空间结构和城镇布局体系。按照组群整合、产城融合、精明增长的原则，以山水、田园、绿带等生态空间为图底，以长江、嘉陵江、高速公路和轨道交通等主要交通廊道为发展轴带，统筹都市功能核心区、都市功能拓展区、城市发展新区一体化发展，打造现代化的大都市区。加快大都市区交通一体化，推进高速公路、铁路、城市轨道交通等交通主骨架建设，加快建设铁路货运支线，完善工业园区集疏运体系。加快城市运行管理同城化，探索公交“一卡通”、统一通信资费标准、统一人口管理、统筹配置公共服务设施等。加快产业布局一体化，统筹全域布局，全链条式打造，以物流流向、交通线走向、流域关系等为主线，增强各组团产业关联度和融合度。

渝东北城镇群包括万州、开县、垫江、丰都、忠县、云阳、奉节、梁平、巫山、巫溪、城口等 11 个区县。依托长江以及沿江铁路、高速公路构成的东北线城镇发展轴发展，形成以万州为核心，以开县、奉节为主要节点，其他城市和建制镇为基础的带状城镇发展区。加快三峡库区生态环境保护，推进消落区生态环境综合整治工程，发展特色产业，打造连接成渝城市群和长江中游城市群的重要节点。突出生态涵养和生态屏障功能，破解基础设施瓶颈制约，大力发展特色工业和现代特色效益农业，努力在培育特色产业集群、推进新型城镇化、统筹城乡发展等方面取得新进展，加快推进区县城建设、重点镇建设和特色工业园区开发，打造沿江特色经济带和长江三峡国际黄金旅游带，在参与长江经济带建设中实现更大作为。

渝东南城镇群包括黔江、秀山、酉阳、石柱、彭水、武隆等 6 个区县（自治县）。依托乌江和渝湘高速公路、渝怀铁路等构成的东南线发展轴，形成以黔江为核心，以秀山为主要节点，其他城市和建制镇为基础的点轴状城镇发展区。发挥小城镇在城乡联接中的传承带动作用，推进小城镇与周边区县城统筹规划、功能配套，有效分担区县城功能，有选择地重点发展一批具有特色资源、区位优势、开发潜力和环境承载能力强的中心镇。加快剩余劳动力转移，实施生态移民，积极发展生态文化旅游业，加大城乡统筹发展力度，推进全面小康社会建设。

（二）努力建设重庆国家中心城市

2010 年初，在城乡建设部编制的《全国城镇体系规划》中，重庆首次与北京、天津、上海、广州并列为“国家中心城市”，当时在中西部地区可谓“一枝独秀”。将重庆定位为国家中心城市，突破了原来四大国家中心城市全在沿海地区的格局。由于中西部地区的战略地位越来越重要，而重庆不仅是中西部唯一的直辖市，周围又集中了一个具备较强实力的成渝城市群，被确定为国家中心城市，也是中央的战略性决策要义和重要棋子。

一是加快推进新型工业化。一方面，要发展壮大战略性新兴产业。深入落实《中国制造 2025》，以集群化、智能化发展为基本路径，壮大现有产业，培育新兴产业，打造以高端制造业为代表的战略性新兴产业集聚中心。巩固壮大电子信息产业，重点培育电子终端产品制造和集成电路、平板显示等核心零部件产业集群，大力发展机器人、智能制造装备、智能家居、智能穿戴设备等智能硬件产业。优化提升汽车产业，构建更加完善的汽车制造及零部件配套产业集群，积极发展新能源汽车及智能汽车。加快发展新兴产业集群，重点在高端交通装备、新材料、生物医药、物联网、环保、精细化工、页岩气开发及关联产业发展等领域取得更大突破。另一方面，要加大传统制造业改造提升力度。加快传统产业结构调整、技术进步和企业重组，调整优化产品结构、拓展产业链条、创新商业模式，提高企业生产技术水平和效益，全面提升重庆制造整体影响力和竞争力。支持汽车、电子信息、装备产业做大做强，拓展发展空间和领域；促进化工、材料等产业调整结构，提档升级；促进食品、纺织等消费品产业和能源产业提质增效。促进新一代信息技术与制造技术融合发展，推动生产过程智能化，加强企业技术改造，推进绿色制造，推广先进节能环保技术、工艺和装备，加强质量品牌建设，提升重庆制造的品牌价值。

二是推进基础设施建设。大力发展城市轨道交通。都市功能核心区和都市功能拓展区按照“线随人走、人跟线走”的原则优先发展城市轨道交通，并加快向城市发展新区延伸。加强“十三五”后期城市轨道交通项目研究。大力推进市郊铁路建设，增强城市发展新区与主城区城市轨道的有机衔接，构建一体化的轨道交通体系。建成渝合线、轨道延长线跳磴至江津段，新开工轨道延长线璧山至铜梁段、合川至大足线、南彭至茶园有轨电车，新增运营里程 200 公里。规划论证万州等城市轨道交通。建成川渝电网 500 千伏第三通道。启动城市发展新区水资源配置工程，从长江、嘉陵江取水，采取大集中、小分散和互联互通的配置方式，逐步实现大都市区一体化供水。建设一批大中小型水库，提高城乡用水保障能力。

三是全面深化统筹城乡综合配套改革。统筹城乡规划建设。统筹协调建设用地规划和非建设用地规划，合理安排好城镇建设、产业集聚、乡村聚落、农业发展、生态涵养等空间布局。统筹城乡基础设施建设，推动水、电、路、气等基础设施城乡联网、共建共享，加快公共交通等市政服务向农村延伸。统筹城乡公共服务。制定实施城乡统一的基本公共服务设施配置和建设标准，推动城镇公共服务向农村延伸，推动公共文化体育设施和服务标准化建设，提高乡镇卫生院服务水平，加快村（社区）卫生室标准化建设。统筹城乡资源要素流动。推进农村产权制度、地票交易制度等重点改革。鼓励引导工商资本到农村发展适合企业化经营的现代种养业、农产品加工流通和农业社会化服务，构建统一开放、竞争有序、制度完备、业态多元、互动高效的农村现代流通体系。构建多层次、多形式的农村产权流转交易服务体系，规范发展农村产权流转交易市场。推进农村产权流转交易平台建设，建立市、区县、乡镇三级交易平台体系。完善农村金融服务，发展农村普惠金融，扩大农业保险等覆盖面。统筹城乡产业和人口布局，推动形成分工合理、协同紧密的产业发展格局。健全人口流动机制，重点引导渝东北生态涵养发展区和渝东南生态保护发展区超载人口有序向城市发展新区、都市功能拓展区转移。探索创新劳动力资源有偿输送、土地资源利用协作、区域产业链协同发展等新机制。

（三）发挥对长江上游和西部地区的带动作用

第一，建设西南地区综合交通枢纽。加快建设铁路大通道。着力发展高速铁路，“十三五”期间重庆市在成渝高铁的基础上，要建成渝万高铁、郑万高铁，开工建设渝昆（西南）、渝西（北向）、渝怀高铁（东南），同时加快渝贵高铁（南向）、兰渝（西北）、渝汉高铁（东向）前期工作，争取纳入国家规划。这些高铁项目建成后，重庆将形成 8 个方向的“米”字形高铁通道。所有项目建成后，将实现重庆到达周边省会城市 3 小时，到达北京、上海、广州 6 小时。加快建成高速公路骨干通道，形成“三环十二射多联线”网络。完善机场布局，形成“一大四小”机场体系。适时启动 T3B 航站楼、第四跑道前期工作，建成巫山、武隆机场，改扩建万州、黔江机场。加快建设长江上游航运中心，构建以航运集聚区为支撑的内河航运体系，全面提高长江干线航道通行能力，力争解决三峡船闸瓶颈制约。构建铁公水联运港口物流枢纽，形成主城果园、江津珞璜、涪陵龙头和万州新田4大枢纽型港，推进建设永川朱沱、合川渭沱、丰都水天坪等9大重点港。积极推进多种运输方式的无缝对接，进一步强化重庆市西南地区综合交通枢纽的地位。

第二，建设国内重要功能性金融中心。围绕强化金融功能，深化金融改革、开放和创新，增强金融资源集聚辐射能力。上海是总部型全国性金融中心，深圳是要素配置型全国性金融中心，重庆则独辟新径，创建结算型全国性金融中心。强化金融结算功能，大力发展离岸金融结算、跨境人民币结算、跨国公司总部结算、跨境电子商务支付结算、金融要素市场结算等金融结算。强化金融交易功能，高水平建设全国保险资产登记交易平台，发展一批全国性或区域性交易市场，争取设立一批新型交易市场，吸引各类资产、商品、权益等要素在渝交易。强化资金融通功能，大力发展直接融资，优化社会融资结构，显著提升直接融资比重，力争证券化率达到全国平均水平。强化保险保障功能，建立巨灾保险分担机制，探索保险资金创新运用试点，建成全国保险创新发展试验区，保险深度和密度分别达到5%和3 500元/人。强化金融普惠功能，促进政策性、开发性、商业性、合作性金融优势互补，积极发展地方新型金融机构体系，推进金融服务同城化，增强对科技、消费、创业创新等领域的服务，规范发展互联网金融，提高金融服务效率和质量。

第三，加快打造内陆开放高地。为深入推进内陆地区开发开放，国家西部大开发“十三五”规划明确“着力打造重庆西部开发开放的重要战略支撑”，并要求总结推广重庆中欧班列（即“渝新欧”国际铁路货运大通道）建设经验。“渝新欧”是我国最早开通的中欧班列。2011年6月正式营运，起于重庆，经新疆阿拉山口出境，止于德国杜伊斯堡。沿途五个国家海关达成便捷通关协议，即一国关检之后其他国家海关不再重复进行，予以放行；五国铁道部门开通定点、定时、定线、定车次、定价格的“五定班列”；五国铁路公司在重庆注册成立联营公司，专门负责这条铁路物流运转。过去重庆货物走海运到欧洲有两三万公里，需要40天左右；现在只有1万公里左右，仅需12—16天，可以大大节省时间，从对外开放的“三线”变成“一线”。在全国所有中欧班列中，2016 年“渝新欧”开行次数占 45%，出口货值 146 亿元（而其他班列无一超过 20 亿元），其货物超过三分之一来自周边地区。重庆由此成为中欧贸易新的“桥头堡”。要继续发挥重庆在西部地区对外开放的龙头作用。进一步畅通物流大通道，建成以国家级综合交通枢纽为支撑的物流通道网络，形成国家“五横五纵”路网西部地区重要交汇点及“一带一路”和长江经济带在内陆地区的重要联接点，形成内陆地区与东部沿海地区以及长江经济带与欧洲、南亚等地区的物流主通道。加快重庆两江等国家级新区发展，加快推进自由贸易区建设。支持重庆国际物流港等功能区发展。有序推进西部地区承接产业转移示范区建设。推动中国—新加坡（重庆）战略性互联互通示范项目建设。

第六章　长江经济带城市群联动发展战略

前面三章分别研究了长江下游、长江中游、长江上游三大地区的城市群发展战略，本章研究长江上中下游地区如何实现城市群的整体联动。要深入贯彻落实十九大精神，通过长江经济带城市群的整体联动，建立更加有效的区域协调发展新机制，推进西部大开发形成新格局，发挥优势推动中部地区崛起，创新引领率先实现东部地区优化发展，使中央提出的“区域协调发展战略”落到实处。

一、长江经济带城市群发展面临的问题

（一）行政区划分割问题突出

长江经济带城市群建设，需要推进区域经济一体化，但面临着行政区划分割矛盾的掣肘：一方面，区域内各城市之间存在着非常密切的人员、资金、物品的流动和信息传递，经济一体化的势头越来越明朗和强劲；另一方面，长江经济带又是拥有多级、多个行政单元的区域，各级政府主导行政区内的经济发展，每个市县，甚至每个乡镇都是一个经济体，表现为按行政管辖范围来组织经济发展的“行政区经济”（诸侯经济）运行模式。由于经济发展是考核地方政府业绩的重要指标，地方政府往往动用手中的权力按行政意愿主导经济发展，虽迫于市场化大

势减少对经济主体的直接干预，但经济发展中政府的影子仍清晰可见，有时甚至比计划经济时还有所加强。囿于行政区的利益分割，相互毗邻但非隶属关系的城市政府间的协调比较薄弱，由此诱发一系列矛盾。

各省市间还缺乏相应的利益协调机制，各地出于加快自身发展的考虑，往往从本地区、本城市的利益出发，其结果对长江经济带的整体协调发展造成不利影响。在招商引资方面，竞相出台优惠政策，竞相在用地价格和税收方面提供有利条件，一些城市对投资额大的企业甚至免费送地和代建厂房；在基础设施建设方面，公路建设尚存在不少断头路和瓶颈路，港口、机场、铁路、能源等重大基础设施的规划布局还缺乏有效配套和衔接；在生态环保方面，长江沿线城市跨界水污染、大气污染时有发生；在产业发展方面，各城市分工衔接不够，大多数城市都把汽车及零配件、食品烟草、装备制造、电子信息、石油化工、电子信息作为支柱产业，而横向联系层次较低、配套水平不高，不能形成产业集聚效应；在市场方面，区域内部人才、资本、技术等要素资源流动还没有足够畅通；在社会事业方面，区域内信息一体化平台尚未建成，在一些涉及百姓生活的领域，如交通卡、社保卡、医疗卡等系统应用，各地仍处于各自为政状况，特别是各地保障制度不统一，使得社会保障在区际之间的转移阻碍重重。

目前，各相邻省市政府及其各有关部门间、市与市之间订立了很多合作协议，但缺乏实体性合作推进机构，区域合作很难落到实处。很多合作项目涉及资金问题，但资金往往没有着落；而且对落实合作项目工作也没有明确的问责机制，合作事项落实情况往往不会影响各地政府工作绩效考核，因此得不到应有的重视。

（二）上中下游城市群发展极不平衡

受自然地理条件、经济地理区位、航道开发与运输能力、沿江城市的综合实力以及国家区域开发政策等因素的影响，长江经济带各城市群发育极不平衡，上中下游城市群发育程度差异大，越往上游发育程度越低。长三角城市群地处长江经济带下游，2014 年城镇化水平达 64.19%，而长江中游城市群平均城镇化水平为 53.64%，长江上游成渝、滇中和黔中城市群平均值仅为 50.16%，城镇化水平越往上游地区就越低。同样，下游长三角城市群的 GDP、固定资产投资和实际利用外资分别为 12.14 万亿元、7.02 万亿元和 699.94 亿美元，长江中游城市群分别为 6 万亿元、4.75 万亿元和 232.58 亿美元，而上游三个城市群总和为 5.44 万亿元、4.58 万亿元和 250.76 亿美元。滇中和黔中城市群的 3 个指标占长江经济带城市群的比例均低于 5%。

区域经济差异是区域经济学、人文地理学和经济地理学等学科较为常见的术语，覃成林（2001）认为区域经济差异主要是指一定时期内全国各区域之间人均意义上的经济发展总体水平非均等化现象，该定义已被学术界广泛接受。标准差、方差、变异系数等都可以反映数据的离散程度，可以用来分析某一地区经济发展的大概的差异情况，标准差和方差反映绝对差异，变异系数反映相对差异。本书采用标准差和变异系数两个指标反应长江经济带区域间发展的差异，以自 1995 年至 2014 年间的 11 省市人均 GDP 指标进行分析，横向对比每一年间各省市人均 GDP 的离散情况。标准差表示了地区间每个年度人均 GDP 的绝对差异，标准差越大，说明地区人均 GDP 指数所反映的经济水平的绝对差异越大，通过对各年度标准差的对比可以得出各地人均 GDP 绝对差异程度的趋势。由于各年度间人均 GDP 的均值不同，所以有必要通过变异系数消除均值不同带来的影响，以反应各地的相对差异程度，变异系数越大，说明离散程度越强，即各省市间的相对差异性越明显。图 6.1 展示了长江经济带标准差和变异系数的变化情况。

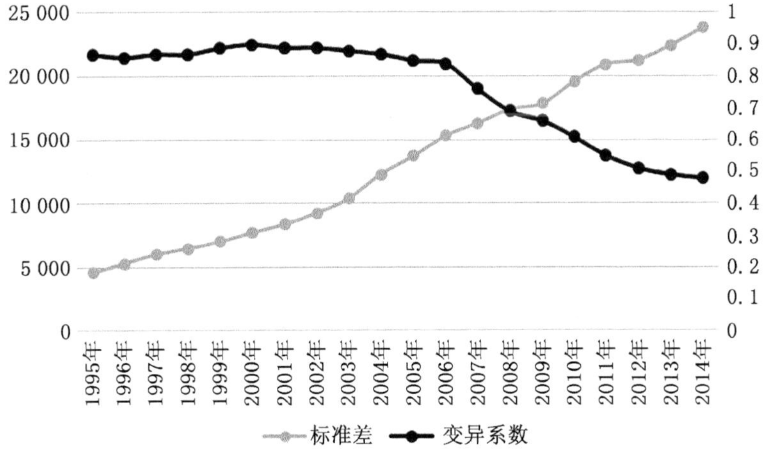

图 6.1　长江经济带 11 省市经济发展的差异性

从变异系数角度来看，大致可分为两个阶段。第一个阶段是平缓下降阶段，时间为 1995—2006 年，这一阶段的变异系数从 1995 年的 0.87 下降至 2006 年的 0.84；第二个阶段为快速下降阶段，从 2007 年开始，呈现较快降低势头，到 2014 年下降到 0.48，区域间相对差异呈现收敛态势。2006 年国家提出促进中部地区崛起战略，国家投资布局和政策支持的重点开始大力向中西部转移，2007 年前后长江经济带的相对差异快速缩小，国家政策环境支撑起到很大作用。从标准差角度来看，基本呈逐年扩大趋势，从 1995 年的 0.46 万元扩大到 2014 年的 2.88 万元，年均增长 10.17%，绝对差异扩大极为明显，由于经济增长惯性、运行机制以及发展基础等差异，东部地区在吸引国内外资金、人才、技术等生产要素方面处于优势地位。

再以人民生活水平为例，2014 年上海市城市家庭人均可支配收入 47 710 元，农村居民家庭人均可支配收入 21 192 元；而同处于长江经济带的贵州省城镇居民人均可支配收入为 28 844 元，农村居民人均可支配收入为 10 489 元，两地生活水平差距悬殊。与此相对应，长江经济带上中下游地区间、城乡间基本公共服务水平差距较大，上中下游之间基本公共服务的数量和水平依次递减、农村基本公共服务水平远低于城市。

可见，长江经济带上、中、下游城市群发育具有很大的空间差异，对长江中上游地区特别是上游地区如期全面建成小康社会构成严峻的挑战。这距离党中央、国务院对长江经济带明确提出来建成“东中西互动合作的协调发展带”的要求还有很大差距。

（三）产业一体化程度不高

除上海、江苏、浙江外，其他省市都处于工业化快速发展的中期阶段，都有着先把自己“块头”做大的强烈愿望，相互之间争投资、争项目、争人才，导致很多地区的产业结构趋同，低水平重复建设比较明显。比如多数省份都大力发展汽车、石油化工、电子信息设备等产业，但区域间缺乏专业化分工协作和密切的经济联系，没有形成产业集群发展，产业关联带动能力差，导致产业一体化程度偏低，影响了长江经济带整体性竞争优势的发挥。

长江经济带产业一体化的动因，很大程度上是东部地区产业升级要向中西部地区进行产业转移。近年来，长江经济带一些发达省份提出“腾笼换鸟”的政策，以促进本地产业转型升级。但是“腾笼换鸟”也存在一种悖论现象，即经济形势好的时候，政府推动产业转移的积极性强，企业不愿意走（因为这个时期企业盈利水平高，而转移是存在风险和不确定性的）；经济形势不好的时候，政府不愿意推动转移，但企业出于节约要素成本的动因，往往还是会转移到中西部地方。一个地区产业转型升级可以通过企业就地转型升级（就地淘汰落后产能和创新来实现）和异地转移（主要是要素约束型转移）两种方式实现，异地转移往往是因为就地升级难度更大。要素约束型转移从理论上可以实现“腾笼换鸟”，促进产业转型升级。但转移出去大量企业后，一旦后续产业难跟上，将导致地区产业发展出现“空心化”问题。发达地区的地方政府希望推动传统产业和低端环节转移出去，但条件是要有大量新兴或更高端的外来资本源源不断地进入。只有在这种情况下才会考虑将原有传统产业或制造业低端环节转移出去，以防止出现“腾笼无鸟”的现象。在金融危机之前，国家商务部和昆山市政府合作成立“产业转移促进中心”，但推动产业转移的效果并不明显；而金融危机后，许多企业悄悄搬走，并没有政府的推动。现在“产业转移促进中心”的工作得不到当地政府的支持。地方政府担心，如果强调产业转移，会给现有劳动密集型企业造成错觉，认为政府要赶自己走，会带来恐慌，给企业生产造成一定的影响，而且给招商引资造成困难。近年来，国际和国内厂商投资热情减弱，发达地区担心本地企业转移出去以后，难以引进新的项目，更加重视企业就地转型升级，对推动产业对外转移的积极性减弱。

目前，长江经济带产业结构调整不到位，产业绿化度不够，尤其是工业内部的绿化程度较低，制约了可持续发展的潜力。以湖北省为例，2015 年绿色农业占农业的 30%，绿色工业占工业的 7%，即使将建筑业和第三产业都认定为绿色产业，全省绿色产业的比例仅为 51%。从三次产业结构来看，主要工业内部的绿色比例小。沿江地区工业园区分布密集，主要排污企业集中在化学原料及化学制品制造业、造纸及纸制品业、黑色金属冶炼及加工业。长江、汉江干流沿线共有44家工业园以化工为主导产业。沿岸现有中小企业主要集中在造纸、电镀、印染等行业，加上防范措施的不完善，使得长江经济带在发展过程中隐藏着较大的环境风险。

（四）缺乏一体化的统筹协调机制

长江经济带有11个省市，横跨东中西三大地带，地域广阔，区域差异大，上中下游省市发展状况与合作诉求迥异。虽然建立了一些区域合作组织，如20世纪80年代成立的长江沿岸中心城市协调会，但由于成员众多，级别不同，有直辖市、省会城市、地级市等，加上地域跨度大，诉求不一，难以开展实质性的合作。城市群之间合作和城市群内部城市合作大多只是进行高层互访、定期联席会议、设立合作办事机构等，既没形成自上而下的行政效力，又无相应的机制保障，难以承担协调职能。同时，监督保障缺失。以签订合作协议或彼此间口头承诺等形式形成的合作内容，缺乏硬性的监督和约束，使得政府间合作多流于形式。此外，由于城市群地处流域的不同区位，极易造成边界区域边缘化、流域污染的跨行政区转嫁等问题难以监督、协调与管理；各地在招商引资、港口建设、产业引进等方面多陷入土地、财税等方面优惠政策的恶性竞争，导致地方和国家利益受损。例如，近年长江沿岸众多城市相继开通中欧国际铁路货运班列，相互以低服务价格揽货，过度竞争，造成资源极大浪费。

“共抓大保护”，是长江经济带各城市群共同的责任，但“各抓各”的多，“共抓”得不够，表现跨区域环保合作力度不大。以长江中游地区为例，2012年初湖北、湖南、江西三省政府推进长江中游城市群建设以来，三省的旅游、交通、商务、工业、农业、文化、科技、教育、医疗卫生、国防科工、知识产权等政府部门以及社科院、党报、电视台等都签订了协议或联合举办了论坛，取得一定成效。但三省环保部门至今未签订协议或建立稳定联系机制。虽然有毗邻地区的协作，但属个案。有必要进一步探索建立长江中游城市群环境保护合作机制，通过协同创新、先行先试，共同破解两型社会建设和生态文明建设的瓶颈制约，更好地治理环境污染，尤其是跨区域的环境保护问题。长江经济带的上游地区承担着涵养水源、治理水污染等生态屏障职能，在一定程度上限制了上游地区经济发展，而下游地区是良好生态环境的受益者，导致长江流域生态保护呈现“上游地区负担，下游地区受益”和“贫穷地区负担，富裕地区受益”的不合理局面，由于节能降耗和主要污染物减排压力大，上游企业受到治理成本、治理技术等因素制约，环保设施与排污强度不配套，不能做到持续稳定达标排放，上游地区环境保护积极性不高。于是，在地方保护和追求地方 GDP 的大前提下，“你污染我，我污染他”成为灰色的环保潜规则，牺牲其他地区的环保利益换取自己的经济利益，形成“以邻为壑”的破坏式发展思维和模式。多年来，长江省界断面上出现上游污染中游、中游污染下游、下游污染河口、河口污染海洋，转嫁污染导致的摩擦和争执屡屡发生。根据“共抓大保护，不搞大开发”的原则，长江生态环境只能优化、不能恶化。因此，建立长江经济带城市群生态环保统筹协调机制迫在眉睫。

二、建立长江经济带城市群联动发展机制

（一）健全长江经济带协同发展机制

建议借鉴京津冀协同发展的统筹协调机制与管理模式，在国家层面成立长江经济带发展委员会。以决策层和执行层的工作机制协调推进长江经济带发展和城市群的建设。决策层由国务院领导担任长江经济带发展委员会主任，长江经济带 11 省市政府和国家有关部委负责人为长江经济带发展委员会成员，每年召开一次会议，研究确定重大合作事项和年度工作计划，协调、指导和推动重大合作项目；执行层由国家发展改革委牵头，11 省市发改部门设立联络处，负责收集情况、综合协调、沟通联系、督促落实及日常事务。

由于长江经济带的重要性，国务院相关部门和省市都已有相关的发展战略。但这些战略比较分散和零碎，亟须国家在全流域战略层面进行整合，使其成为一个完整的、系统的、协调的国家战略。在此基础上，制定长江经济带城市群总

体规划及其合作发展的战略规划，明确各城市群的发展定位、发展目标、职能分工；提出各城市群及其区域在合作内容、层次、范围、方式等方面的引导性意见，引导城市群在各领域展开良性合作与竞争。一是以政策一体化为先导，在重要的政策方面，如引资政策、财税政策、土地政策、开发区政策、金融政策、环境保护政策等方面保持基本的统一，要有统一的区域经济社会发展长远规划。避免地区间的非市场化的政策性竞争，通过政府间的政策与规划协调，避免信息不充分条件下市场机制自发形成的重复建设、过度竞争的恶果。二是加快推进市场一体化，充分尊重市场规律，尽快建立起各省市政府间的沟通与协调正常化、法制化机制，打破行政区域的局限，破除地区保护主义。三是加快推进基础设施一体化。加快长江经济带快捷交通、通讯、电网和能源、水利、环保等基础设施建设与管理的一体化。加速各省市间的产业融合，使长江经济带的发展打破原有的“梯度式”或“雁行式”传统发展模式，带动落后地区的跨越式发展，实现长江经济带持续、科学的共同发展。四是加快推进生态环保一体化。11 个省市统一划定生态保护红线，全面建立生态保护红线制度。统筹水域陆域，细化主体功能区生态保护要求。加强生态保护和修复，依法严厉打击流域生态破坏行为。开展沿河环湖生态保护和修复，努力提升流域环境承载能力。上游地区环保责任更重，应加大治污力度。全面排查工业污染源排放情况、加大超标排放整治力度；加大饮用水水源地排查整治力度，确保城乡居民饮水安全；配合住建部门强化城市黑臭水体整治监管与考核其因保护生态造成的经济损失，主要应由中央财政转移支付解决。同时，鼓励中游地区对上游地区、下游地区对中游地区进行横向生态补偿。

借鉴广东省推进珠三角区域一体化的评价方法，建立跟踪评估制度，对各种一体化发展要素进行针对性的监测、检查、统计、分析、评价，提出进一步修改、发展和完善的建议、建立违约惩罚制度，对违约的地方政府采取减少合作项目、取消某种优惠、向社会公布评估结果或启动内部民意压力等间接措施给予一定惩罚。支持建立多边或双边高层对话和议事机制、合作协调机制，定期举办经贸科技活动。进一步培育发展和规范管理社会组织，在行业协会中引入竞争机制，允许“一业多会”，允许按产业链各个环节、经营方式和服务类型设立行业协会，允许跨地域组建、合并组建和分拆组建等。建立和完善委托授权机制、合作联动机制、征询机制、监督指导机制等制度措施，促进行业协会的有效运转、充分发挥行业协会的桥梁纽带作用。

（二）建立三大城市群合作机制

2015 年 3 月以来，国务院先后批复了长江中游城市群、成渝城市群、长江三角洲城市群的发展规划。如果说，下游、中游、上游分别是“龙头”“龙身”“龙尾”，现在出台只是“龙头”“龙身”“龙尾”的局部规划，还缺乏“一条龙”整体规划或者城市群合作方案，应加快出台。

长三角城市群、长江中游城市群、成渝城市群是长江经济带的三大主体城市群。三大城市群建设好了，长江经济带也就发展起来了。鼓励和支持三大城市群内部建立市长联席会议制度，定期和不定期协商解决区域内的重大问题，积极推进交通、旅游、工业、农业、生态、科技、人才、投资等方面的合作。下设若干个委员会作为政策的执行机构，定期召开会议、沟通信息，及时反映区域内发展中面临的问题，提出解决办法。逐步促进城市群内部制度一体化，实现经济、社会、人口、资源、环境相互协调的可持续发展。如推进重大基础设施建设，构建港口群、区域与交通联动发展机制，真正发挥黄金水道功能，建设立体化交通网络，彻底打通产业合作交通命脉；在公共资源共享方面，推进建立区域优质教育、卫生医疗、人才、旅游等资源共享机制，完善医保跨地区结算机制，推进区域交通、社保等“一卡通”工程；强化科技资源共享公共服务平台建设，合力推进区域科技创新体系一体化建设。

同时，推进三大城市群之间的合作。借鉴法国巴黎城市群和英国伦敦城市群对区域公共产品进行共建共享的经验，探索建立长江经济带城市群公共财政储备制度、横向利益分享机制和利益补偿机制，共建共享城市群区域公共产品，包括共建共享长江经济带区域性交通、能源、环保、生态等公共设施和公共产品，推动长江经济带城市群上中下游的基础设施建设、产业分工合作、生态环境共建共治、公共服务对接。在能源安全方面，推进长江流域地区能源安全体系一体化，建立长江流域能源储备体系和应急保障体系，推进新能源基地建设。要大胆探索创新新型区域合作机制，包括上中下游税源的划分机制、资源使用的购买和补偿机制、产业转移的对口协商机制、政绩的分类考核机制、政府机构的交流机制等。

（三）加强上中下游之间城市合作

在长江经济带，除了各城市群的内部合作以外，还要重点加强流域上中下游之间的区域合作。

一是开展中上游合作。2014 年 10 月，武汉港务集团与四川宜宾港有限责任公司签署战略合作协议，两港约定在规划、航线、口岸等多方面实现合作。如武汉港在协议中明确提出将宜宾港作为中部地区入川水运的最重要港口加以规划和实施。在航线合作方面，共同开辟宜宾—武汉—洋山港航线。2015 年 2 月 1 日，成都、武汉、泸州开展港口物流深度融合，三市签订《港口物流战略合作框架协议》，三方将在港口规划、建设、通道等方面进行充分合作。中上游地区是长江经济带发展的重点和难点，要加快物理基础设施建设，积极融入“一带一路”和长江经济带建设。

二是开展中下游合作。以上海与武汉为例，近年来两地合作不断加强。2013 年，上海浦东金融局与武汉金融办签订合作协议，将为共同促进双方的金融业发展努力。合作内容包括，双方将在金融整体规划、空间布局、商业配套、制度环境和政府服务等方面交流和分享经验，建立促进金融项目跨区域发展的服务平台，鼓励和支持两地金融机构开展合作，协助金融机构在两地落户。2015 年，武汉成为上海 PE 投资新热土，300 多家沪汉企业开展合作。中下游地区是长江经济带一体化发展的重点，要以城市群之间城际轨道交通对接、长江中下游航道整治特别是安庆至武汉 6 米水深航道建设为契机，深化区域合作。

三是开展上游与下游合作。以重庆与上海为例，两市的经济往来从未间断。2006 年 2 月，上海国际航务集团与重庆港务集团签订战略合作协议。2009 年，重庆市政府和上海市政府签下 6 项文化合作交流协议，内容涉及互办演出、人才交流和培养、馆际合作与学术交流、合作办学等文化交流合作等方方面面。2016 年 6 月 1 日，重庆市政府与上海黄金交易所签署战略合作备忘录，双方将以“一带一路”黄金市场建设为切入点，推动重庆建立黄金企业协作发展机制、市场参与创新机制、新产品新服务合作机制，进一步推动重庆黄金市场改革创新。长江经济带的上游与下游，还分别属于丝绸之路经济带和 21 世纪海上丝绸之路，通过相互合作，既能促进长江经济带城市群建设，又能促进“一带一路”战略的实施。

四是开展上中下游互动合作。2015 年 1 月，长江经济带港口物流区域合作联席会第一次会议在南京召开，四川、重庆、湖南、湖北、安徽、江苏等五省一市的相关企业负责人共同商讨合作计划，拉开长江流域港口物流区域合作的新序幕。2015 年 5 月，上海、江苏、安徽、湖北、重庆五省市旅游局共同开展“长江旅游带”联合推广活动。5 月 19 日长江旅游推广联盟在武汉正式成立，标志着长江旅游带跨区域旅游交流合作进入全新发展时代。2016 年 5 月 29 日至 6 月 1 日“2016 长江旅游带联合促销活动”在厦门、南宁开启，10 月 22 日至 25 日长江旅游推广联盟还赴西宁开展“长江丝路”主题推广。今后，要充分发挥各自优势，进一步加强长江经济带上、中、下游区域合作力度，如长江上游地区矿产、电力、劳动力等资源富集，市场需求较大，重大装备、航空航天等特色产业也在全国处于领先水平，这将为下游产业向上中游转移奠定坚实基础。此外，上中下游在物流、旅游、农业现代化等方面可以开展更多合作。

（四）深化对中上游的对口合作

推广沪滇合作经验，建立上下游互动合作机制。1996 年中央确定上海与云南开展对口帮扶合作，上海市“真金白银、真抓实干、真心实意”推进沪滇对口帮扶。截至 2015 年底，上海财政累计在滇投入帮扶资金 35.7 亿多元，实施帮扶项目近 8 000 项，覆盖滇西边境片区、乌蒙山片区、石漠化地区和迪庆藏区 30 多个县，近 160 万贫困群众直接受益。此外，上海 14 个区县对口帮扶云南 26 个重点县，实施了一大批对口帮扶项目。光明食品、金茂股份、上实发展等一批大企业纷纷赴滇投资，累计实施项目 1 000 多个，实际到位资金 500 多亿元。2016 年 4 月 19 日，上海市党政代表团到访云南，双方签订《关于加强沪滇对口帮扶与重点领域合作框架协议》，进一步完善交流机制，加强在教育卫生、经济交流、现代农业、文化旅游、金融科技、人力资源开发等方面的合作，携手融入长江经济带战略。

利用对口支援三峡库区机制，助力三峡生态城市群建设。自 1992 年以来，在国务院三峡办的统一组织和部署下，各省市采取结对方式对口支援三峡库区。上海市对口支援宜昌市夷陵区，江苏省对口支援秭归县和云阳县，上海市、南京市、宁波市对口支援重庆市万州区，浙江省对口支援重庆市涪陵区，安徽省对口支援重庆市渝北区。20 多年来，对口支援工作成效显著。上海在对口支援中尽显国际大都市的风采。累计援助资金 3.4 亿元，援建公益项目 305 个，建设科技创新示范点 4 个，帮助引进经济合作项目 14 个，促成均瑶、粤海纺织、佑利泵业、爱登堡电梯、致盛集团等知名企业落户夷陵，还建设移民就业发展基地。江苏省率先在三峡库区秭归兴办工业园区，森达集团、AB 集团、恒丰纸业等知名企业落户秭归，援建经济合作项目 21 个。投资近 10 亿元兴办 7 家企业，安置移民近万人。145 家单位与秭归县建立对口支援关系。对口支援工作也由最初的“输血”向帮助“造血”、开展经济协作转型，带动移民致富和库区自我发展能力不断提升。近年来，湖北宜昌、重庆万州等地着手打造三峡城市群，范围是三峡库区及其周边县市。长江下游省市利用对口援助三峡库区的机制，助力三峡城市群建设，深化与长江中上游地区的经济合作。而三峡城市群的建设，本身就起着连接长江中游城市群与成渝城市群的重要作用，对长江经济带城市群的联动发展和可持续发展具有重要意义。

三、长江经济带城市群联动发展的重点任务

（一）完善城市群综合交通体系

完善综合运输通道和区际交通骨干网络，强化城市群之间交通联系，加快城

市群交通一体化规划建设，改善中小城市和小城镇对外交通，发挥综合交通运输网络对城市群发展的支撑和引导作用。

一是加快上海、武汉、重庆三大航运中心建设。随着中国（上海）自由贸易试验区的率先运行和湖北、重庆自由贸易试验区的跟进，三大航运中心地位和作用会越来越重要。通过加强基础设施建设和政策扶持，整合港口资源，加快形成以上海、武汉和重庆为中心的港口群，形成一体化的巨型港口系统。推进上海港、宁波—舟山港和长江下游海港区的功能提升和资源优化，积极推进沿江专业化、规模化港区建设，完善港口集疏运通道，实现上海国际航运中心与武汉长江中游航运中心、重庆长江上游航运中心以及南京、芜湖、九江、岳阳、宜宾等长江航运物流中心的联动发展。

二是加强航道建设。要依托黄金水道建设长江经济带，既要加快形成干支流协调的高等级航道系统，扩大三峡枢纽的航运通过能力，也要提高港口现代化水平，合理布局过江通道。“一寸水深一寸金。”下游要通过“三沙”（福姜沙、通州沙、白茆沙）水道整治加快实现12.5米深水航道延伸至南京；中游实施荆江河段系统整治工程，提升长江中游航道通航标准；上游推进宜宾至水富段三级航道整治工程，让1 000吨级船舶尽快通达云南水富。

三是建设立体交通走廊。大力发展航空、铁路、高速公路和管道运输，建成合理的现代化集疏运体系，为城市群的发展创造高效、便捷、安全的综合运输条件。加快建设自上海经合肥、武汉、重庆至成都的沿江高速铁路和自上海经杭州、南昌、长沙、贵阳至昆明的沪昆高速铁路，连通南北向高速铁路和快速铁路，形成覆盖50万人口以上城市的快速铁路网。改扩建沿江大能力普通铁路，建设杭州至丽江铁路，提升既有沪昆铁路能力，形成覆盖20万人口以上城市客货共线的普通铁路网。以上海至成都、上海至重庆、上海至昆明、杭州至瑞丽4条横贯东西和15条连接南北的国家高速公路为重点，建成连通重点经济区、中心城市、主要港口和重要边境口岸的高速公路网络。大力提高国省干线公路技术等级和服务水平。加快建设一个国际航空枢纽——上海，7个区域枢纽或门户枢纽——成都、重庆、武汉、长沙、南京、杭州和昆明的布局；充分发挥合肥、宁波、无锡、南昌等干线机场的作用，完善航线网络，提高主要城市间航班密度，增加国家运输航线。

（二）构建流域生态化城镇体系

针对长江经济带城市群发展面临的资源与生态环境压力，重点建设三峡生态经济合作区、洞庭湖生态经济区、鄱阳湖生态经济区等生态示范区，综合治理沿江水污染和土壤污染，加大力度治理水土流失和地质灾害，构筑沿江生态安全屏障，将长江经济带城市群建成人与自然协调发展的生态型城市群。

科学测算城市群地区的资源环境承载力和资源环境保障程度，以此为基础编制好与资源及生态环境承载力相适应的长江经济带城市群发展总体规划，明确长江上、中、下游地区每个城市群作为国家不同层级经济增长中心的发展目标、空间结构和开发方向，明确每个城市群承载的“底线”和发展的“上线”，将城市群经济增长对长江流域带来的资源环境代价最低化，将流域资源环境对城市群发展的约束性最低化，依据资源生态环境承载力和容量阈值确定资源节约型和环境友好型城市群的建设路径。

目前，长江经济带下游地区城市职能分工互补性强，中上游地区尚未形成互补的职能分工体系，城镇体系空间分布不均衡，空间运行成本高，经济带城镇化发展对流域资源环境产生越来越大压力。针对这些问题，建议在长江经济带城市群建设中，以流域一体化为主线，构建“水轴串城”的串珠状城镇体系；以交通一体化为主轴，构建“陆轴连城”的轴辐式城镇体系；以产业布局一体化为主导，构建“产业链城”的产城融合式城镇体系；以生态环保一体化为先导，构建生态型城镇体系；以江海联动为主出口，构建江海联动的双向开放型城镇体系；形成流域—交通—产业—生态—开放“五位一体”的束簇状城镇体系，进而不断优化长江经济带的城镇等级规模结构体系、城市职能分工体系和空间结构体系，缓解经济带新型城镇化的资源环境压力，实现长江经济带产业发展与布局、流域上中下游、基础设施、生态建设与环境保护、城乡发展与城乡统筹、区域市场、社会发展和基本公共服务的一体化建设，把长江经济带建设成为上下协同、江海联动、多式联运、人水和谐、经济共荣的命运共同体和利益共同体，提升长江经济带对外开放度，提升城镇化发展质量，为国家新型城镇化发展作出重大贡献。①

（三）积极推广“飞地经济”模式

2011 年 5 月，国务院批复在连云港市设立“国家东中西区域合作示范区”，该示范区先导区位于连云港市徐圩新区，总规划面积 467 平方公里，其中徐圩港区约 74 平方公里，临港产业区约 240 平方公里，现代高效农业区约 153 平方公里，海岸线 28 公里。建议在长江经济带增设东中西区域合作示范区，通过“飞地经济”模式将示范区主要设在长江中上游地区。在这方面，江苏苏州和安徽滁州已有成功的探索。双方采用股份制公司合作模式，即在滁州设立共建园，新成立的共建园交由合作双方成立的股份制公司管理，公司负责园区规划、投资开发、招商引资和经营管理等工作，项目审批、行政审批、区政管理等工作实行属地化管理，收益按照双方股本比例分成。这类合作模式中比较典型的有苏滁现代产业园。

苏滁现代产业园采用“政企分离”模式：园区管委会负责行政管理，具体开发由苏州中新股份、滁州城投集团，按照 56%、44% 的股权比例，组建中新苏滁开发有限公司，作为苏滁现代产业园的开发主体。安徽省政府明确产业园享有省级开发区各项政策，管委会享有省辖市经济管理权限，从 2012 年到 2015 年，每年计划单列 5 000 亩建设用地指标，安排 1 亿元专项资金，支持苏滁现代产业园建设。“一花独放不是春”，应在全流域特别是中上游地区增设东中西区域合作示范区，推广苏滁“飞地经济”模式。三峡库区对口支援、沪滇对口合作，也可运用“飞地经济”形式设立上海产业园、苏州产业园、宁波产业园等，启动东部发达城市在中西部“造血”的内生动力。

（四）共推城市群国际产能合作

为优化提升长江经济带城市群发展水平，必须在更高层次参与国际合作和竞

① 方创琳：《长江经济带城市群建设需有一体化统筹机制》，《新重庆》2016 年第 2 期。

争，进一步发挥对全国经济社会发展的重要支撑和引领作用。2015 年 5 月 13 日国务院发布的《关于推进国际产能和装备制造合作的指导意见》，对我国推动长江经济带各城市群经济转型升级具有重要指导意义。

一是推动传统优势产业率先“走出去”。钢铁、水泥、建材、机械等是长江经济带传统优势产业，近年来加快了“走出去”步伐。如华新集团 2013 年在塔吉克斯坦建成第一条新干法生产线，填补该国水泥自产的空白，2016 年又投产二期项目，三期项目正在展开前期工作，该公司还在柬埔寨、哈萨克斯坦等地建厂；京山轻机集团先后在越南、印度设立工厂，2015 年销售收入突破 50 亿元，其中一半来自海外工厂。“走出去”符合供给侧结构性改革精神，既能促进企业有效利用国内国外资源和市场，又能帮助发展中国家建立更完整的工业体系、提升制造能力、解决就业，实现双赢。

二是加强先进装备制造合作。从长江中游城市群来看，一些先进装备制造企业“走出去”已先行一步，如中联重科 2015 年成功进军白俄罗斯。而湖北汽车产业已显示出强劲势头：2014 年东风集团 8 亿欧元收购 PSA 集团 14% 股份，并成为第一大股东；襄阳汽车轴承股份有限公司收购波兰 KFLT 轴承公司 89.15% 的股份，成功并购波兰最大的轴承制造企业；恒天汽车已成功并购荷兰吉拉芙卡车公司，实现非道路重型载货汽车、危化品应急救援车和高档客车的转型升级。今后，还要加快推进航空航天装备、船舶和海洋工程装备、核电装备、轨道交通装备制造等企业“走出去”。

三是发展境外战略性新兴产业。长江经济带各省市已有战略性新兴产业类境外企业数百家，其中湖南省就有 156 家。湖北在国内国外同步推进北斗产业，泰国成为北斗导航系统的首个海外用户。2014 年 6 月，泰国首批北斗地基增强站建成投入使用，未来规划在泰国建设北斗地基增强站 220 个，建设覆盖整个东盟的北斗地基增强系统。另外，2009 年至 2010 年，武汉人福医药在美国设立销售团队和研发中心，经过努力，2015 年 5 月以零缺陷的优异表现通过美国 FDA 认证。目前，公司正在筹建软胶囊项目的二期工程，2016 年在美销售额突破 2 亿美元。2016 年，人福医药以 5.5 亿美元收购美国 Epic Pharma 及附属企业。当年 5 月并购交易完成后，6—12 月实现销售收入 4.41 亿元。2016 年，人福医药在美国实现制剂销售额 6.81 亿元。公司在美国已拥有近 20 个美国 FDA 批准的 ANDA 文号，已有约 400 个品规的药品在美国市场销售。发展境外战略性新兴产业，是长江经济带城市群推进国际产能合作的一个重要方向。

四是联合开展对外承包工程。“一带一路”国家多数基础设施建设欠账较多，而长江经济带城市群在基础设施建设发展方面不仅有着成功经验，并且有竞争力较强的配套产业。通过参与国外基础设施建设，能带动建筑、工程机械等相关企业抱团出海。要抓住“一带一路”战略实施、亚投行建立等机遇，扩大基础设施建设合作，真正能够做到优势互补、互利共赢，既发挥我国产业的竞争优势，又为当地的工业化和城镇化发展作出积极贡献。

五是大力拓展海外文化服务业。工程设计是文化创意产业的重要内容。长江经济带城市群中的上海、杭州、南京、成都、重庆等地设计服务企业众多，特别是武汉拥有 468 家勘察设计企业，11 位工程院院士，从业人员 7 万，2015 年勘察设计行业实现产值近 1 000 亿元，已向国际组织申报“世界设计之都”。我国设计服务业“走出去”大有可为，能助推“中国制造”走向“中国智造”。同时，还要大力推广湖北群艺集团输出文化服务产品的经验。群艺集团是一家文化企业，已向十多个国家和地区输出“积分制管理”方法，在马来西亚获得“2015 年百强企业国际金鹰奖”，并与澳大利亚宾果福彩公司签订项目投资协议，并把积分制管理推介给相关企业。2016 年 5 月底，其创始人李荣到韩国参加有联合国秘书长潘基文等政要以及各国企业家出席的“济州论坛”，并在企业人力资源管理创新模式专题论坛上作积分制管理的主题发言，受到企业家欢迎，会后就有韩国企业要求合作。

六是积极发展海外现代农业。长江经济带城市群的国际产能合作不能仅限于制造业，还应当向农业领域扩展。在这方面，湖北已经尝到了甜头。近年来，湖北省农垦局统筹国内、国际两个市场，在保障国家粮食安全的同时，服务国家整体外交，实施农业“走出去”战略。仅 2015 年，湖北省农垦局与莫桑比克农业部就中莫农业技术示范中心后 7 年运营达成合作意向，并与加扎省农业局就友谊农场扩大规模签署合作协议；与马拉维建立“中国—马拉维农业技术合作农场”；还与俄罗斯联邦摩尔多瓦共和国发展集团正式签署合作协议。目前，该局已布局非洲、欧洲、大洋洲的十多个国家，涉及产业主要包括农作物种植、畜禽养殖、建筑建材等。从经营情况看，效益较为可观。

七是抱团建设境外经贸合作区。境外经贸合作区是由中国商务部牵头与相关国家政府部门达成协议，并通过中国企业建设的工业园区。目前，中国企业在海外 34 个国家投资建设的境外经济贸易合作区已达 75 个，入区企业已有 1 141 家。这些境外经济贸易合作区一般都是由各省的产业合作园区发展起来的。除了境外经济贸易合作区外，各省还有名称各异的产业园区。长江经济带各省市要抱团合作，不要搞重复建设，以获取整体效益。一省已开办的境外合作区或产业园区，可以作其他省的海外基地、办事处，引导企业进驻设厂，降低投资成本，分散投资风险，同时尽可能多安排当地劳动力就业，这也是应对贸易保护主义抬头、减少贸易摩擦的重要举措。

第七章　长江经济带城市群的战略前景

十九大报告提出了新“三步走”战略，即我国到2020年全面建成小康社会，到2035年基本实现社会主义现代化，到本世纪中叶建成富强民主文明和谐美丽的社会主义现代化强国。展望长江经济带城市群的战略前景，可以设想：在2020年形成“中国国家经济地理横轴”，到2035年基本建成世界级产业集群集中带、世界巨型城市群连绵带，到本世纪中叶建成名列世界首位的、发达的巨型城市群连绵带。

一、中国国家经济地理横轴

（一）双核理论与国家经济地理横轴

1998年南京师范大学陆玉麒在《构建长江开发开放的新思路》一文中，以双核型空间结构模式分析和构建了长江开发开放的新思路，其中指出由武汉和上海构成的中国最大的双核型空间结构，是我国区域经济发展的最大驱动轴，应当予以重点建设。[①] 1999年，陆玉麒、魏也华又发表《中美经济地理横轴的比

① 陆玉麒：《构建长江开发开放的新思路》，《科技导报》1998年第12期。

较研究》，介绍了美国“国家经济地理横轴”。①1820 年，美国东北海岸有 4 个主要港口（波士顿、纽约、费城和巴尔的摩）在竞争欧美间的贸易市场。1825 年以后，纽约很快超过其他港口城市，一跃成为全美最大都市，原因就在于它有芝加哥这一内陆区域中心城市作为巨大的腹地支撑。如果借鉴美国由芝加哥（区域中心城市）和纽约（港口城市）双核结构而构建“国家经济地理横轴”的发展经验，打造由武汉与上海这一双核结构构成的中国“国家经济地理横轴”，这也是影响我国未来区域空间结构最主要的一个驱动轴。

世界一些大国也都具有双核结构，因为这种结构兼顾区域中心城市的趋中性和港口城市的边缘性，从空间组合可以实现区位上和功能上的互补。其原因在于，中心城市要对所在区域充分发挥作用，在其他因素相同下，其对区位的最基本要求是趋中性，即应当尽可能位于所在区域的几何中心。新近出现的区域形态研究，之所以认为团聚状形态优于长条状形态，主要出于中心城市的趋中性的考虑。然而，与区外交往的需要，则拉动中心城市的区位向区域边界方向推移，以至有不少区域中心城市位于区域边界上。显然，这虽然有利于与区外的交往，但并不利于对所在区域的带动。而双核结构则兼顾上述两个方面的需要。因此，双核结构实现了区域中心城市的趋中性与港口城市的边缘性的有机结合，所以成为国土开发中的一种比较高效的空间结构形态。2002 年陆玉麒发表《区域双核结构模式的形成机理》一文指出：“港口城市由于可以充分发挥水运的低成本优势而往往成为中转枢纽，并可以在此发展相应的临水型产业；港口城市的发展同样依赖于区域中心城市的支撑。这方面，美国芝加哥—纽约构成的双核结构具有特别的代表性。”

陆玉麒、魏也华和秦尊文等在各自发表的论文中均认为，上海—武汉与纽约—芝加哥的双核结构具有特别明显的可比性，历史上将武汉称之为“东方的芝加哥”至今仍有足够的现实意义。应该指出，从区位角度而言，由于纽约—芝加哥位居美国东北一隅，而上海—武汉则位居中国的中间地带，具有更为明显的区域效应，亦即对我国的区域经济发展具有更为明显的推动作用。武汉新港的建

---

① 陆玉麒、魏也华：《中美经济地理横轴的比较研究》，《科技导报》1999 年第 5 期。

设，重振了武汉水运雄风，使“国家经济地理横轴”逐步从设想走向现实。更直观地讲，“国家经济地理横轴”可以城市群连绵带的形式表现出来。

（二）三核结构与中国经济地理横轴

事实上，中国版的“国家经济地理横轴”可以有“三核”：上海、武汉、重庆。2011 年 1 月国务院出台《关于加快长江等内河水运发展的意见》就明确了长江流域的三大航运中心：上海国际航运中心、武汉长江中游航运中心、重庆长江中游航运中心。后来国家的《关于依托黄金水道推动长江经济带发展的指导意见》对这三大航运中心作了强调。国务院领导要求上海港要深入中上游腹地，带动流域经济发展。《指导意见》还明确上海、武汉、重庆是长江经济带的三大流域性中心城市。据新华社 2016 年 9 月 11 日报道，《长江经济带发展规划纲要》已正式印发。《规划纲要》指出：“发挥上海、武汉、重庆等超大城市和南京、杭州、成都等特大城市引领作用，发挥合肥、南昌、长沙、贵阳、昆明等大城市对地区发展的核心带动作用，加快发展中小城市和特色小城镇，培育一批基础条件好、发展潜力大的小城镇。”明确对 11 个省会及以上的城市规模等级作了明确的

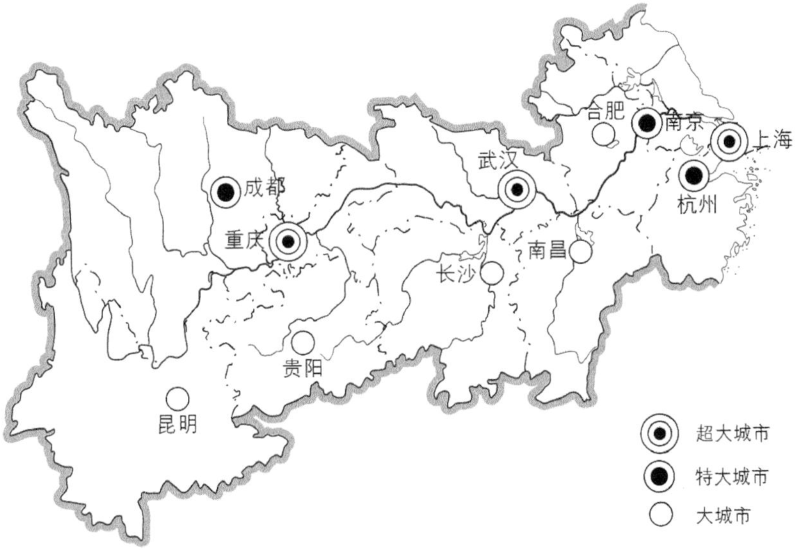

图 7.1　长江经济带超大城市、特大城市和大城市

划分，1 000 万城市人口的超大城市只有上海、武汉、重庆三个。

此外，“三核”之间有沪渝高速沟通，还有高铁或动车联接，航空联系也十分密切。众所周知，经济带是以交通带为依托的。而目前“三核”之间交通更为便捷，为中国“国家经济地理横轴”的形成提供了有力的支撑。

与美国国家经济地理横轴“双核”支撑不同，中国“国家经济地理横轴”由“三核”支撑，规模更大，动力更足更均衡，可持续发展能力更强。可以预料，长江经济带作为“国家经济地理横轴”不仅是中国经济的驱动轴，也将是世界经济的发动机。

二、世界级产业集群集中带

（一）长江经济带世界级产业集群的发展基础

打造具有世界影响的中国经济地理横轴，必须有世界级的产业集群为依托。现代世界级产业集群，应是对整个制造业链条起主导作用的龙头企业、龙头产品和龙头行业的集聚，是有现代技术支持、以区域创新和合作为动能、以最先进的产业为基础而形成的制造业集聚高地。2007 年，汤鹏飞指出，长江经济带在地理条件和区域经济上具有产业集群发展的良好基础，要通过加快区域一体化进程，发展特色产业集群，促进产业集群优化升级和战略转移，通过加强产业集群的环境治理来打造产业集群。①

2016 年 3 月，国家发展改革委、科技部、工业和信息化部联合发布《长江经济带创新驱动产业转型升级方案》：“围绕优势产业集聚，打造一批世界级产业集群，加快重点产业领域规模化、体系化、高端化发展。”明确提出在新型平板显示、集成电路、先进轨道交通装备、汽车制造、电子商务等五大重点领域，布局一批战略性新兴产业集聚区、国家高新技术产业化基地、国家新型工业化产业示范基地和创新型产业集群，打造世界级产业集群；在生物医药、研发设计服

① 汤鹏飞：《长江经济带产业集群与区域合作研究》，《时代经贸》2007 年第 11 期。

务、检验检测服务、软件和信息技术服务、新材料产业、现代物流、现代金融服务、节能环保、新能源装备、航空航天等领域，培育一批具有国际竞争力的本土跨国企业和专精特新的中小企业，形成骨干企业领军、中小企业配套协同发展的良好产业生态体系，培育十大新兴产业集群。

2016年，四川省社会科学院副院长盛毅等指出，世界级产业集群主要表现在具有显著的规模优势和较高的国际市场占有率，产业技术水平和创新能力位居世界前列，广泛集聚国内外原料、资金、人才和劳动力，产品全面走向国外市场，有良好的运输设施要素保障。① 打造长江经济带世界级产业集群应当分别对进入门槛、竞争力能力、承载载体、交通运输、空间尺度进行评估，在此基础上确定世界级产业集群的层次，提出不同层次世界级产业集群的选择标准，来引导发展。以此提出了长江经济带具备建立世界级产业集群的候选对象，具体见表7.1。

表7.1　长江经济带世界级产业集群候选对象

类别	名　称	依托区域
核心集群	汽车制造	长三角城市群、长江中游城市群、成渝城市群
	集成电路	长三角城市群、长江中游城市群、成渝城市群
	先进轨道交通设备	长江中游城市群
	发电设备	成渝城市群
辅助集群	电子商务	长三角城市群
	现代物流	长三角城市群、长江中游城市群
	现代金融服务	长三角城市群
	软件和信息技术服务	长三角城市群
培育集群	新兴平板显示	长三角城市群、长江中游城市群、成渝城市群
	航空航天	长三角城市群、成渝城市群
	生物医药	长三角城市群、长江中游城市群、成渝城市群
	节能环保	长江中游城市群、成渝城市群、滇中城市群、黔中城市群
	研发设计服务	长三角城市群

① 盛毅、王玉林、樊利：《长江经济带世界级产业集群选择与评估》，《区域经济评论》2016年第4期。

2016年9月，南通大学成长春教授等系统阐述了世界级产业集群的基本内涵和特征，分析长江沿岸产业集群发展的良好经济基础，依定“生态优先、绿色发展”的原则，遴选出了长江经济带的十大世界级产业集群。[①] 具体遴选结果见表7.2。

表7.2 长江经济带世界级产业集群遴选结果

世界级产业集群	行　　业
1. 电子信息产业集群	仪器仪表制造、计算机通信设备制造
2. 高端装备产业集群	交通运输设备、专用设备、通用设备、仪器仪表
3. 汽车产业集群	汽车制造
4. 家电产业集群	电器机械和器材
5. 纺织服装产业集群	化学纤维、纺织服装、纺织
6. 绿色能源产业集群	水的生产和供应
7. 港航物流产业集群	交通仓储邮电、批发零售
8. 信息服务产业集群	（互联网）金融
9. 旅游休闲产业集群	旅游、住宿餐饮
10. 现代农业与特色农业产业集群	种植业、林业、渔业、畜牧业

可以看出，国家三部委列出五大世界级产业集群，学者也推荐了若干个遴选出的世界级产业集群。这么多世界级产业集群在长江经济带集聚，将会形成“世界级产业集群集中带”。在这一过程中，加强区域合作是最为重要的任务之一。首要任务是不断推动区域一体化进程。长江经济带作为一个不可分割的有机整体，要纵观全局，打破行政界限，对整个流域全面综合开发。长江流域经济发展水平有较大差距，要促进其整体经济的协调、发展，打破行政界限，进行统一规划是首要的。其次，世界级产业集群依托世界级城市群，并以城市群内部的产业链条分工与合作为基础。城市群的产业分工可以分为三种类型：一是行业性分工合作，即各个城市有自己的强势产业、特色产业；二是大中小企业分工，即大企业集中在大城市，中小企业较多分布在中小城市；三是产业链分工，就是按照价

① 成长春、王曼：《长江经济带世界级产业集群遴选研究》，《南通大学学报》（社会科学版）2016年第9期。

值链高低和区位条件，有的从事产业的中高端，有的从事产业的中低端，相互之间在产业价值的导向下形成分工合作。再次，要加强产业集群过程中的环境治理。要发挥长三角城市群、长江中游城市群、成渝城市群的产业优势，充分结合长江经济带各次级城市群的优势特色产业，有效利用长江经济带上中下游资源要素互补的特点，推进协同发展、绿色发展、可持续发展，联合加大环保方面的投入和治理力度，特别是从产业结构的层面上实现联动发展，实现长江经济带经济发展方式的转变。

（二）在世界级产业集群建设中推动产城融合

2015 年中央城市工作会议提出：要以城市群为主要形态，科学规划城市空间布局，实现紧凑节约、高效绿色的发展；要结合各城市的资源禀赋和区位优势，明确它们的主导产业和特色产业，强化大中小城市和小城镇产业协作，逐步形成横向错位发展、纵向分工协作的发展格局。推进长江经济带世界级产业集群建设，必须走产城融合之路，与长江经济带城市群建设紧密结合。

一是发展集成电路产业集群，推进武汉等城市产城融合。以上海、湖北、江苏、重庆为核心，依托 8 英寸和 12 英寸集成电路芯片生产线，打造集成电路产业集群。2015 年 7 月发展存储器芯片正式被确定为国家战略，2016 年 2 月 23 日国务院批复同意国家存储器基地落户湖北，1 380 亿元国家集成电路产业投资基金和近 1 400 亿元地方基金已相继建立。3 月 28 日在武汉中国光谷正式开工，近期将投资 1 600 亿元。这一世界级存储器基地，将为我国填补主流存储器领域空白。工业化时代，拼的是钢铁；信息化时代，拼的是芯片。这个项目未来将成为我国最大的集成电路产业集群，也有可能成为世界级产业集群。武汉通过集成电路产业集群的聚集，加上现有的其他产业，将在中国光谷一带形成 100 万人口的新城，助力武汉国家中心城市建设。

二是发展新型平板显示产业集群，推进合肥等城市产城融合。以合肥、武汉、上海、重庆、成都为核心，依托显示面板生产线，打造新型平板显示产业集群。目前，合肥已成为国内面板产能最大、产业链最长、技术水平一流的集聚发展区。以京东方为龙头的新型显示产业集群，已形成以6代线、8.5代线和在建的10.5代线为核心，彩虹与康宁玻璃基板、乐凯光学膜、三利谱偏光片等为关键配套，联宝笔记本电脑、长虹整机、惠科整机等为终端应用，包括上游原材料、中游面板和下游终端整机等在内的完整产业链。新型平板显示产业集群的聚集式发展，将加快合肥“大湖名城”建设。

三是发展轨道交通装备产业集群，推进株洲等城市产城融合。以株洲、武汉、重庆、南京、成都为核心，提升城际轨道车辆制造能力以及轻轨、地铁组装能力和维修能力，打造先进轨道交通装备产业集群。2013年，全国确定首批10个创新型产业集群试点，株洲轨道交通装备制造产业集群入选其中。株洲轨道交通产业集群共拥有300多家企业，已形成比较完备的产业链，南车株洲电力机车有限公司、南车株洲电力机车研究所有限公司等龙头企业技术已处于国际领先水平，另有集群配套中小企业200多家。集群产业链的本地配套率约为70%，要降低制造成本，提高竞争优势，须尽可能提高本土制造率。随着配套企业的大量聚集，株洲将崛起一座“轨道交通装备城”。

四是发展汽车制造产业集群，推进一批车城产城融合。以上海、湖北、重庆、安徽、长株潭区域、成都、浙江、南昌为核心，完善整车制造及配套产业链，大力发展新能源汽车产业，打造汽车制造产业集群。其中，十堰、襄阳、随州、芜湖等非省会城市，通过大力发展汽车及零部件产业，使汽车产业园区成为城市新区，促使这些“车城”的综合实力提升。

五是发展电子商务产业集群，推进一批电商城产城融合。以上海、重庆、武汉、成都、南京、杭州、昆明、苏州等电子商务示范城市为核心，以长沙、合肥（蜀山）、南昌、贵阳等电子商务产业园为依托，利用移动互联网新模式新业态，打造电子商务产业集群。通过电子商务示范城市、电子商务产业园的建设，吸纳更多人口尤其是大学生就业，迅速推进产城融合、产城共荣。

此外，积极培育世界级新兴产业集群，促进产城融合。如以上海、昆明、重庆、武汉、泰州、长沙、合肥、南昌、成都、南京为核心，培育发展生物制药、医疗器械；以贵州、云南、四川、湖北为核心，发展现代中药产业，加快发展生物医药产业集群；以上海、成都、长株潭、安顺、芜湖、重庆为核心，发展国家民用航空航天；以武汉、南昌为核心，发展飞机设计与制造、动力系统和机载系统制造、航空服务，加快发展航空航天产业集群，加快打造武汉国家商业航天基地；以上海、南京、成都、武汉、长沙、杭州、重庆、贵阳为核心，瞄准基础软件、云计算、大数据等新一代信息技术，促进服务外包产业发展，加快发展软件和信息技术服务产业集群；以上海、重庆、武汉、宁波、成都为核心，促进海铁联运、铁水联运、公水联运、江海联运等多种运输方式的无缝衔接和高效中转，推进物流基础设施建设，优化物流园区网络体系布局，加快发展现代物流产业集群。

三、世界巨型城市群连绵带

（一）长江中下游大城市群在形成

几个世界级大城市群发展有一个共同现象：随着相邻都市圈核心城市规模的扩大和城际之间交通条件的改善，其辐射区域不断接近并有部分重合，都市圈之间经济联系越来越密切，相互影响越来越大，最后逐渐形成一体化趋势，形成一个更大的城市群或城市群连绵带。长江经济带城市群的发展，也会遵循这个规律。

2006 年，湖北省社会科学院秦尊文提出“长江中下游大城市群”的概念：“长江中游一级城市群形成后，由于皖中城市群（已于 2006 年 3 月加入长江三角洲一级城市群）的连接作用，又使得两大一级城市群连为一体，有可能形成世界上最大的长江中下游大城市群。”①

2008 年 7 月 25 日，首届泛长三角合作与发展论坛在上海举行。秦尊文在论坛上提出打造世界上最大的“长江中下游大城市群”。当时，他讲到：长江中下游各城市群都正在扩容，除武汉城市圈以外，长株潭城市群扩容为 3+5 城市群，

① 秦尊文：《城市群的形成机制和演化过程》，吉林人民出版社 2006 年版，第 205 页。

昌九景城市圈扩容为环鄱阳湖城市群，马芜铜城市群先是扩容为皖江城市带、继而扩展为大皖江城市带（8+1），长江三角洲城市群则扩展为大长江三角洲城市群（16+7），长江中下游城市圈（群）已成连绵区。长江中下游城市群连绵区占有全国 5.13% 的国土，但聚集全国的 18.78% 人口，2007 年创造全国的 29.64% 的 GDP，实际利用外商直接投资占到全国的 67.13%。① 考虑到下游的长三角城市群已经是“大城市群”，中三角也是“大城市群”，秦尊文之后又将“长江中下游大城市群”称为“长江中下游超级城市群”，并在《武汉城市圈的形成机制与发展趋势》第 9 章专列一节“长江中下游超级城市群”。

拟议的“长江中下游大城市群”比现在的世界第一大城市群——美国东北部大西洋沿岸城市群在幅员上要超出许多。如它包括武汉、长株潭、南昌、合肥、南京、苏锡常、上海、杭州、宁波、温州等 10 个都市圈（或称城市圈、大都市区），而美国东北部大西洋沿岸城市群有波士顿、纽约、费城、巴尔的摩、华盛顿 5 个大都市区；其长度自西向东达 1 320 公里，比美国东北部大西洋沿岸城市群从北到南的 965 公里多出 355 公里，而且宽度在 120—420 公里之间，也超出 1 倍多；总面积 49.26 万平方公里，占全国比例为 5.13%，比美国东北部大西洋沿岸城市群分别多出 2.57 倍和 3.36 个百分点；2007 年末总人口 248 20 万人，比美国东北部大西洋沿岸城市群的 6 500 万人多 2.82 倍，但在全国的占比要少 1.22 个百分点。从经济实力方面比，2007 年“长江中下游大城市群”、GDP 总量为 1.01 万亿美元，只占美国东北部大西洋沿岸城市群的 30.4%，但在全国的占比要多 4.64 个百分点。②

后来的形势发展比当时预计的要快、要好。2014 年 9 月 25 日公布的国务院《关于依托黄金水道推动长江经济带发展的指导意见》文件，将皖江城市带正式划入长江三角洲城市群范围，使得长江中游城市群与长江三角洲城市群完全连成一体。可以这样认为，“长江中下游大城市群”空间上已经形成，现在需要的是

① 秦尊文：《武汉城市圈的形成机制与演化趋势》，中国地质大学出版社 2010 年版，第 159 页。

② 秦尊文：《武汉城市圈的形成机制与演化趋势》，中国地质大学出版社 2010 年版，第 161—162 页。

官方和社会的认可。一旦得到认可，它就取代美国东北部大西洋沿岸城市群而成为世界第一大城市群。现在即使是经济总量，也与美国东北部大西洋沿岸城市群很接近了。2008 年国际金融危机爆发以后，美国东北部大西洋沿岸城市群受到的冲击很大，而“长江中下游大城市群”继续保持较快发展，其 GDP 总量，按照现有汇率计算也已站上 3 万亿美元的台阶，如果按购买力平价（PPP）计算则早已超过美国东北部大西洋沿岸城市群。

（二）长江城市群连绵带呼之欲出

实际上，一些专家比较早地对长江城市群连绵带作出了预测。2006 年，全国人大法律委员会副主任、中国生产力学会会长王茂林就撰文指出：21 世纪是中国城镇化的世纪，是中国城市经济大发展的世纪，未来中国城市化和城市经济发展的一个最主要的空间就是长江经济带。长江经济带已经形成中国最密集的城市带，而且带上有群、带上有圈，出现了城市带与城市群一体化发展的新格局。特别是以上海为中心的长江三角洲组团式城市群，已经成为全球第六大城市群，具有全球性的竞争力。以武汉为中心的长江中游城市圈、以长沙为中心的长株潭城市群、以重庆成都为中心的长江上游城市群都在快速发展。整个长江经济带拥有 100 多座比较重要的大中城市，具有一定规模的中小城市、小城镇更是星罗棋布，沿长江的串带状城市体系正在进一步发展中。以长江三角洲城市群为龙头，以整个中上游城市带为龙身，长江“龙形”城市经济带将成为 21 世纪中国生产力起飞和经济发展的重要带动力量。①

2015 年 1 月，江西省人民政府发展研究中心王志国、甘峰明也提出类似观点。他们在提交给长江技术经济学会的论文《关于建设长江超级城市群的初步构想》中指出：长江超级城市群是长江经济带的核心区域，东起上海，西至四川宜宾，主要依托长三角城市群、长江中游城市群和成渝城市群及其内的二级城市群构造，同时把沿江双边单幅宽 1.5 小时车程约 200 公里的其他设区市涵盖在内。

① 茂林：《聚焦长江经济带》，《中国报道》2006 年第 11 期。

长江超级城市群全域范围共 74 万多平方公里，人口 3.34 亿，2013 年地区生产总值 19.5 万亿元，财政收入 2.86 万亿元，第二产业 12.3 万亿元，社会消费品零售总额 6.9 万亿元，进出口总值 1.49 万亿美元。总面积占全国的 7.7%，约占长江经济带的 36%；经济总量占全国的 34.3%，占长江经济带的 75%；市场总量占全国的 29.6%，进出口总值占全国的 35.8%。长江超级城市群的经济密度是全国平均密度 4.33 倍，人均生产总值为 1.39 倍，城市化率 56.5%，为全国平均水平的 1.11 倍，将成为全球面积最大、承载人口最多的巨型城市群连绵区。

沪汉渝之间的交通串联起沿线由大中小城市构成的若干城市群，使得“国家经济地理横轴”以城市群连绵带的形式表现出来。由于皖江城市带被纳入长江三角洲城市群，长江中游城市群与长江三角洲城市群已连成一片，“长江中下游大城市群”事实上已经存在；只是在长江中游城市群与上游的成渝城市群之间还是“断链”，国家还没有规划城市群连接。但国家“十三五”规划已经提到在这一区域建设“三峡生态经济合作区”，这与湖北省提的“三峡城市群”范围基本一致。过去三峡地区交通不便，城镇化水平不高，很多人认为不能建设城市群。但是，随着三峡大坝等一系列基础设施建设加快，交通、能源、通讯等网络逐步形成。特别是交通网络日趋完善。三峡城市群依托长江黄金水道、沪蓉、沪渝高速公路、宜万铁路、三峡机场等水陆空立体交通网络，交通四通八达，为经济社会发展提供了大动脉支撑。沪蓉高速公路在江北从宜昌直通万州，沪渝高速公路和宜万快速铁路在江南从宜昌经恩施、利川连通万州，形成一个完整的闭合圈。三峡城市群中每个城市都建有机场，包括宜昌三峡国际机场、万州五桥机场、恩施许家坪机场，区域性航空客货运输网络基本形成。三峡城市群一旦形成，长江上、中、下游就形成一条城市群连绵带。

但是，滇中城市群、黔中城市群与这条城市群连绵带还存在“断档”，亟须弥补。从现有条件和历史渊源来看，可以研究规划“川滇黔城市群”。范围包括川滇黔边区的宜宾、泸州、昭通、毕节四市，也可以包括邻近的其他城市。红军时期，这里就建立有川滇黔边区，涉及今天的宜宾、泸州、昭通、毕节、遵义等地市。在川滇黔城市群中，宜宾是核心城市或核心城市之一。在宜宾、泸州、昭通、毕节四市中，宜宾的经济总量是第一位的。宜宾要特别注重与紧邻的云南昭通市合作，加强宜宾港与水富港的分工协作，打造港口群，以港口群建设促进川滇黔城市群的形成。今后，国家将越来越重视跨省市区的发展战略和规划，而在一个省市范围内的战略将越来越难以上升到国家层面。川滇黔城市群地跨三省，只要论证充分，真抓实干，加上此地属西部地区，是川滇黔边区革命老区、乌蒙山国家集中连片特困地区，理应得到扶持，因此，列入国家级下一步发展的城市群还是有希望的。（见图 7.2）。

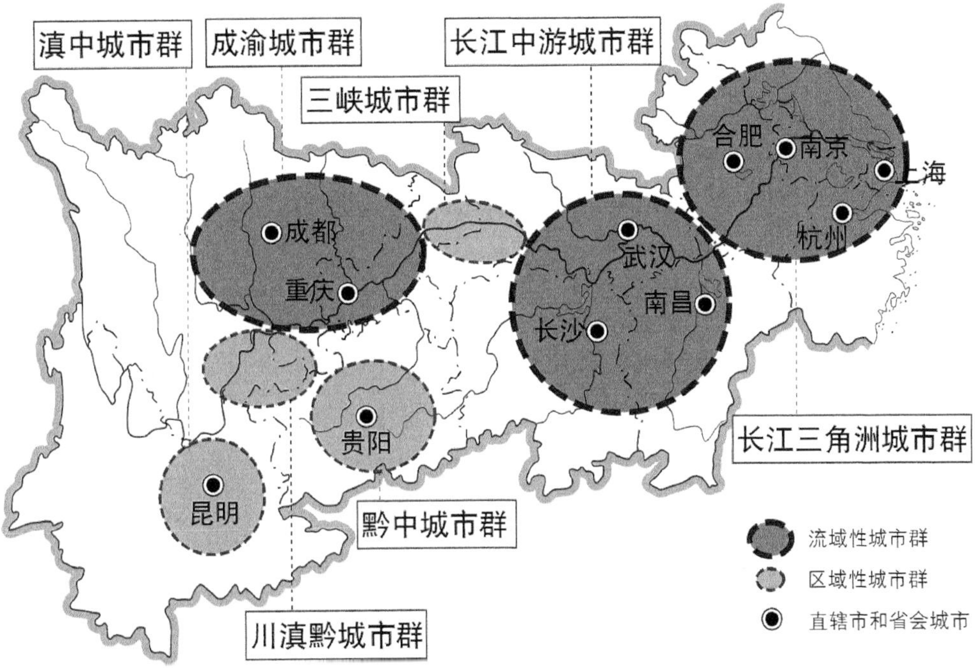

图 7.2　长江城市群连绵带

如果川滇黔城市群发展起来了，可以促成滇中城市群、黔中城市群与成渝城市群的融合发展，进而有可能将现在的“成渝城市群”演变为“长江上游城市群”，与长江中游城市群、长江三角洲城市群一起构成长江城市群连绵带。这样，城市群在长江经济带中就更均衡、带动力更强。

附录　我国城市群的发展历程

一、改革开放初期城市群发展的铺垫

（一）区域经济技术合作的兴起

改革开放初期，我国区域发展重大成就之一就是地方经济主体意识的逐步形成和确立。党的十一届三中全会决定将党的工作重心转移到现代化建设上来的同时，还明确指出："现在我国经济管理体制的一个严重缺点是权力过于集中，应该有领导地大胆下放，让地方和工农业企业在国家统一计划的指导下有更多的经营管理自主权。"随后，各级地方和企业在市场经济中的主体地位逐步确立。地方作为国民经济主体之一开始发挥越来越大的作用，它们积极探索各种行之有效的符合市场经济规律的区域经济发展模式，其中不少好的经验被中央采纳和推广，有力地促进了整个国民经济快速发展。经济管理权力下放和地方经济主体地位确立，开启了日后区域和城市改革发展一系列变化的序幕。

在下放经济管理权限、搞活地方经济过程中，由于传统计划经济安排被打破，人们迫切需要建立符合市场经济要求的新的地方间、行业间和企业间的经济联系。为此，1980 年 7 月国务院发布《关于推动经济联合的暂行规定》，1986 年修改为《国务院关于进一步推动横向经济联合若干问题的规定》（已于 2001 年 10

月失效)，鼓励建立各种区域间的经济技术合作组织。据 1990 年 11 月在陕西宝鸡举行的“首届全国区域经济合作研讨会”提供的资料显示，当时全国已建立的各层次和类型的区域经济合作组织 100 多个。

尤其值得一提的是，1982 年 12 月 22 日国务院下发《关于成立上海经济区和山西能源基地规划办公室的通知》。这两个国家级规划办公室的主要任务是，打破部门和地区的框框，从全局出发制定两个规划区的经济社会发展规划，协调部门之间、地方之间和部门与地方之间的关系，促进规划区内的联合，加强规划区与全国经济发展的结合，促进生产力发展。其中上海经济区包括长江三角洲的苏州、无锡、常州、南通、杭州、嘉兴、湖州、宁波等城市。1984 年 12 月 16 日，经国务院批准，上海经济区的范围由上海市及江浙两省 9 个市扩大为 4 省 1 市，即江苏、浙江、安徽、江西 4 个省全部和上海市。山西能源基地，则以山西为中心，包括内蒙古准格尔、陕北和豫西的有关地区，逐步发展成以煤炭为中心的重化工基地。1986 年 2 月 27 日国务院发文同意将山西能源基地规划办公室改称“国务院能源基地规划办公室”，规划工作的范围为山西、宁夏、陕西北部、内蒙古西部和河南西部地区。但是到 1988 年，国务院办公厅以“国办通〔1988〕53 号”文件明确将国务院上海经济区规划办公室、国务院能源基地规划办公室予以撤销。尽管如此，这两个规划办公室的运作为后来长三角城市群、晋中城市群的兴起作了一定的铺垫。

(二) 城市在区域经济中核心地位的确立

在培育地方经济主体意识搞活地方经济中，根据区域经济发展的一般规律和西方发达国家的实践经验，国家提出了应当充分发挥城市在区域经济中的带头辐射作用的重要思想。一些地方，如辽宁等省率先在经济相对发达地区开始实行市领导县体制改革试点。随后，中共中央从“促进城乡一体化，减少行政机构和人员，提高行政管理效率”出发，采纳这一做法并向全国推广。1982 年中共中央下发《改革地区体制，实行市领导县体制的通知》(中发〔1982〕51 号)文件，要求实行地市合并，打破城乡分离，形成城市带动农村发展局面。1984 年，我国经济体制改革的重点转向城市，中共中央第一份关于经济体制改革的决定指出，城市是我国经济、政治、科学技术、文化教育的中心，是现代工业和工人阶级集中的地方，在社会主义现代化建设中起着主导作用。要充分发挥城市的中心作用，逐步形成以城市特别是大、中城市为依托的，不同规模的，开放式、网络型的经济区。

中心城区在区域经济中核心地位的确立揭示了这样一个事实：区域之间的合作首先是各区域城市之间的合作，也就是说中心城区在区域合作中起主导作用。区域合作与中心城区核心作用两者的有机结合很自然地导致城市圈或都市区的形成，进一步发展则是城市群甚至城市群连绵带的诞生。改革开放后，我国最早的一批城市群或城市群连绵带，就是由以城市为中心的区域合作组织演变过来的。

（三）长江沿岸中心城市经济协调会的建立

长江沿岸中心城市经济协调会是唯一仍在运行的成立于20世纪80年代的跨省大型城市合作组织，为长江经济带城市群的兴起与联合奠定了扎实的基础。

1985年2月，重庆、武汉、南京三市主要负责人就“如何发挥中心城市作用，联合开发利用长江黄金水道”等问题达成共识。随后，三市市委书记拜会上海市党政领导。时任上海市市长的江泽民指出：上海作为对内对外两个辐射扇面的结合部，还必须继续大力加强对内横向经济联合，这是促进上海经济振兴并和兄弟地区共同繁荣的一条重要途径。

1985年12月18日—20日，在重庆举行长江沿岸中心城市经济协调会成立会议。会议通过《协调会章程》，会议决定按渝、汉、宁、沪顺序轮流担任主席方，每年举行一次会议（实际上1989年以后基本上每两年举办一次）。会议依据国家对长江流域经济发展的总体布局要求，认真研究联合开发长江的现实要求，确定首先在长江水运、长江开发研究、长江旅游、信息交流、资金融通、科技协作、邮电通讯、商贸流通和物资协作等9个领域开展联合与协作。依据4个中心城市的优势和特点，分别建立9个专题协作组。

1986年12月12日—14日，第二届协调会在武汉举行。会议研究了协调会工作方针——抓区域经济合作、促流域经济开发。会议依据国家对长江流域经济发展的总体布局和要求，认真研究联合开发长江的现实需求，协调会成员扩大到沿江 23 城市：上海、南京、武汉、重庆、宜宾、攀枝花、泸州、宜昌、荆州、石首、岳阳、鄂州、黄石、九江、安庆、铜陵、芜湖、马鞍山、镇江、扬州、泰州、南通等。随后长江流域组建了南京经济协调会、武汉经济协作区、重庆经济协作区、上海为中心的长江三角洲经济协作中心。

二、社会主义市场经济体制确立后城市群的萌芽

（一）区域合作组织广泛建立

1992 年党的十四大确立社会主义市场经济体制后，各类区域合作组织如雨后春笋般地迅猛发展。据 1995 年统计，全国各种规模不等的区域经济合作和经济网络组织已达 100 多个，主要分为四种形式：一是省（区）际间经济协作区。相邻的若干省区市按照发展市场经济的需要，在自愿互利的基础建立起来的区域合作组织。如西南五省区七方经济协调会，环渤海经济区，东北、中南经济协作区等。二是省毗邻地区经济协作区。相邻几个省区市间的部分接壤地区，按照历史的经济联系和经济发展的需要建立起来的经济合作组织。如南京（苏、皖、赣）经济协作区、淮南（苏、鲁、豫、皖）经济协作区、中原（晋、冀、鲁、豫）经济协作区、中部（鄂豫川陕毗邻地区）经济协作区、闽赣粤三边经济协作区等。三是省内经济协作区。根据本省区的经济布局和各市县经济发展的要求，自愿建立起来的合作组织，如辽宁中部经济区，湖南的长沙、株洲、湘潭经济协作区等。四是城市间经济协作网络。若干地域相邻，或沿海、沿江、沿路若干城市在自愿互利的基础上建立起来的合作组织。如丝路重镇经联会（西安、宝鸡、天水、兰州、武威、张掖）等。

这些区域合作组织的建立和发展，不仅加强了区域间物资商品、经济技术交流，促进了区域经济一体化，还为日后城市群的出现奠定了最初的基础。

（二）市管县体制全面确立

1983 年 2 月，中共中央、国务院发出《关于地市州党政机关机构改革若干问题的通知》，要求积极实行地、市合并，地级市建制在全国推进。到 1998 年底，全国共有 219 个市领导 876 个县、49 个自治县、10 个旗、1 个特区，代管 292 个县级市，平均每个市领导 5.6 个县，领导县的市、市领导的县分别比 1983 年底增加 73.8% 和 126%。

1999 年中共中央、国务院发布《关于地方政府机构改革的意见》（中发〔1999〕2 号）文件指出："要调整地区建制，减少行政层次，避免重复设置。与地级市并存一地的地区，实行地市合并；与县级市并存一地的地区所在市（县）达到设立地级市标准的，撤销地区建制，设立地级市，实行市领导县体制；其余地区建制也要逐步撤销，原地区所辖县改由附近地级市领导或由省直辖，县级市由省委托地级市代管。"于是，在 2000 年又形成了一次市管县体制的高潮，一年撤销地区 21 个，领导县的地级市增加 23 个，地级市领导的县和代管的县级市增加 156 个，浙江、安徽、江西、山东、河南 5 省全面推行市管县体制，市管县的行政体制在我国全面确立。

地市合并、市管县的全面铺开，在客观上形成了以地级市为中心的城镇群，这为小型城市群的正式形成打下了体制基础。

（三）横向联合和经济区建设深入推进

"横向联合"早在 1980 年就提出来了，直到 20 世纪 90 年代仍在推进。《"八五"计划纲要》提出：开展多领域、多层次、多形式的横向联合与协作，推动生产要素的优化组合，加快地区产业结构的合理化；以省、区、市为基础，以跨省、区、市的横向联合为补充，发展各具特色、分工合理的经济协作区；要继续贯彻执行国家关于开展横向经济联合协作的政策，并进一步在计划管理、统计办法、投资指标、税利和产品分配，以及收费标准等方面，制定有利于促进地区协作和联合的规定与办法；要坚持实行严格控制大城市规模、合理发展中等城市和小城市的方针，有计划地推进我国城市化进程，并使之同国民经济协调发展。《“八五”计划纲要》虽然没有提“城市群”，但继续倡导横向联合，为城市群的产生提供了有利的政策环境。

《“九五”计划纲要》正式提出以中心城市和交通要道为依托，逐步形成7个跨省区市的经济区域的主张。其中沿海三大经济区域开始受到人们的关注，后来成为我国最重要的三大城市群。《“九五”计划纲要》要求以浦东开放开发、三峡建设为契机，依托沿江大中城市，逐步形成一条横贯东西、连接南北的综合型经济带，这是中央层面最早提出的“长江经济带”的雏形；依托沿海大中城市，形成以辽东半岛、山东半岛、京津冀为主的环渤海综合经济圈；以珠江三角洲和闽东南地区为主，进一步发展创汇农业、资金技术密集的外资企业和高附加值的创汇产业，形成外向型经济发达的经济区。《“九五”计划纲要》提到的这些“经济圈”“经济区”，后来基本上都发展成为城市群。

（四）湖南省政府重启长株潭城市群建设

1982年12月，湖南省政协委员、省社科院研究人员张萍在湖南省政协四届六次会议上提出：“把长株潭三市经济整合起来，逐步形成湖南的综合经济中心。”他认为，湖南没有一个重量级的经济中心城市，省会长沙的综合经济实力当时在全国排位30名之后。如果长株潭三市整合，工农业总产值可在全国中心城市中排第9位，城区工业总产值排第11位。他提出：“加强三市之间的经济分工协作和优势互补，提高城市群的整体竞争力，带动全省经济发展。”然而，囿于当时人们认识和观念的局限，张萍提出的方案在实践不到两年间后便“夭折”。从1986年开始，长株潭经济一体化不再被过问，长株潭经济区规划办公室形同虚设。在此后长达十年时间里，长株潭经济一体化大多停留在“坐而论道”层面，尽管有计划、国土等部门做过相关规划或方案，却都被束之高阁。

在1996年的湖南省第七次党代会上，长株潭一体化发展的呼声在当时三市负责人的推动下再次高涨。1997年，长株潭一体化专题会议召开，在这次湖南省最高规格的会议上，终于在“把长株潭城市群建成湖南经济发展的增长极”这一重大战略抉择上达成共识。按照交通同环、电力同网、金融同城、信息同享、环境同治的“五同”要求，长株潭一体化进入“重启”阶段。2000年，世界银行最终确定长株潭城市群为中国首批开展CDS项目的两个城市（群）之一。这是国际专家第一次对该区域定位进行研究，是一次国际经验和模式的大规模投入。2004年，CDS项目完成《启动报告》《对三市现有规划的评估报告》《中期报告》和《最终报告》等研究成果，围绕改进城市规划和基础设施投融资两大主题和改善弱势群体生活水平等方面提出许多建设性意见。

虽然政府使用的名称是“长株潭经济区”“长株潭一体化”，但在实际工作中人们也用“长株潭城市群”这一名词。“长株潭城市群”是20世纪我国唯一由政府成立专门机构正式推动建设的城市群。

三、进入新世纪后城市群的蓬勃发展

（一）“十五”提出发展城镇密集区

进入21世纪后，面对我国工业化进入中期阶段、城镇化进入快速发展阶段的现实，同时也针对越来越严重的区域发展不平衡问题，国家开始制定和实施加速城镇化发展战略和区域协调发展战略。两大战略的同时实施，有力地促进了城市群的快速扩张和发展。

“十五”时期国家制定加速城镇化发展战略，提出要“走符合我国国情、大中小城市和小城镇协调发展的多样化城镇化道路，逐步形成合理的城镇体系。有重点地发展小城镇，积极发展中小城市，完善区域性中心城市功能，发挥大城市的辐射带动作用，引导城镇密集区有序发展”。这是在我国政府文件中首次提出城镇密集区的概念。遵循这一城镇化发展方针，“十五”时期我国小城镇数目有了进一步增加（同期城市数目因撤市设区减少了5个），城镇密集区在全国范围内得到有序和较快的发展。如在西部地区按照实施西部大开发战略的要求，重点促进了西陇海兰新线经济带、长江上游经济带和南（宁）贵（阳）昆（明）经济区的形成，提高城镇化水平；中部地区重点是以长江、陇海、京广、京九、京哈等沿线地区为重点，壮大沿线城市规模，充实中心城市，积极培育新的经济增长点和经济带；东部地区重点是促进经济特区和浦东新区增创新优势，进一步发挥环渤海、长江三角洲、闽东南地区、珠江三角洲等经济区域在全国经济增长中的带动作用。通过以上重点地区的发展，我国城镇密集区在全国范围内基本展开，初步形成包括长三角、珠三角、京津冀城市群在内的 10 大城市群。

（二）“十一五”明确提出建设城市群

“十一五”时期正式提出依托特大城市和大城市建设城市群，形成合理的城镇化空间格局。《“十一五”规划纲要》要求：要把城市群作为推进城镇化的主体形态，逐步形成以沿海及京广、京哈线为纵轴，长江及陇海线为横轴，若干城市群为主体，其他城市和小城镇点状分布，永久耕地和生态功能区相间隔，高效协调可持续的城镇化空间格局。已形成城市群发展格局的京津冀、长江三角洲和珠江三角洲等区域，要继续发挥带动和辐射作用，加强城市群内各城市的分工协作和优势互补，增强城市群的整体竞争力。具备城市群发展条件的区域，要加强统筹规划，以特大城市和大城市为龙头，发挥中心城市作用，形成若干用地少、就业多、要素集聚能力强、人口分布合理的新城市群。人口分散、资源条件较差、不具备城市群发展条件的区域，要重点发展现有城市、县城及有条件的建制镇，成为本地区集聚经济、人口和提供公共服务的中心。

“十一五”时期一个重大的变化，就是不再提我国城镇化道路是“重点发展小城镇”。20 世纪八九十年代乡镇企业异军突起，在全国特别是沿海的大型及以上规模城市周边地区形成大批新兴工业化地区和小城镇，为城市群的形成奠定了坚实的经济基础。但是，那些成功的小城镇无一不是为大城市配套发展起来的。中西部许多地方在缺乏大中城市带动的情况下，铺天盖地发展小城镇，企图走一条以小城镇为主的分散型城镇化道路，结果造成极大的投资浪费和效益低下，不是降低而是大大增加城镇化的成本——农民不得不迁向城市，进行“二次城镇化”。进入 21 世纪后，各地大量撤并小城镇，实质上是对“重点发展小城镇”的纠偏。小城镇不是不要发展，而是“发展重点小城镇”，即每个县的县城及一两个建制镇。“十一五”注重发挥特大城市和大城市的龙头作用，将城市群作为推进城镇化的主体形态，符合世界潮流，是一个巨大的进步。

（三）“十二五”以来科学规划城市群规模和布局

《“十二五”规划纲要》提出“科学规划城市群内各城市功能定位和产业布局”，中共十八大报告关于“科学规划城市群规模和布局”的深入探索，2013 年我国首个中央城镇化工作会议明确提出“把城市群作为主体形态”，标志着我国城镇化以城市群为核心全面展开。走以城市群为主体形态的新型城镇化道路，体现了时代的必要趋势和根本要求。

《“十三五”规划纲要》提出“用发展新空间培育发展新动力，用发展新动力开拓发展新空间”。明确要求：“发挥城市群辐射带动作用，优化发展京津冀、长三角、珠三角三大城市群，形成东北地区、中原地区、长江中游、成渝地区、关中平原等城市群。”

《国家新型城镇化规划》指出：根据土地、水资源、大气环流特征和生态环境承载能力，优化城镇化空间布局和城镇规模结构，在《全国主体功能区规划》确定的城镇化地区，按照统筹规划、合理布局、分工协作、以大带小的原则，发展集聚效率高、辐射作用大、城镇体系优、功能互补强的城市群，使之成为支撑全国经济增长、促进区域协调发展、参与国际竞争合作的重要平台。东部地区的京津冀、长江三角洲和珠江三角洲城市群，是我国经济最具活力、开放程度最高、创新能力最强、吸纳外来人口最多的地区，要以建设世界级城市群为目标，继续在制度创新、科技进步、产业升级、绿色发展等方面走在全国前列，加快形成国际竞争新优势，在更高层次参与国际合作和竞争，发挥其对全国经济社会发展的重要支撑和引领作用。中西部地区要加快培育成渝、中原、长江中游、哈长等城市群，使之成为推动国土空间均衡开发、引领区域经济发展的重要增长极。加大对内对外开放力度，有序承接国际及沿海地区产业转移，依托优势资源发展特色产业，加快新型工业化进程，壮大现代产业体系，完善基础设施网络，健全功能完备、布局合理的城镇体系，强化城市分工合作，提升中心城市辐射带动能力，形成经济充满活力、生活品质优良、生态环境优美的新型城市群。

（四）注重发挥城市群的协调功能

建设城市群的初衷，就是要发挥核心城市的带动作用，促进区域经济协调发展。为配合国家城市群发展战略的实施，国家有关部门随后还制定了长三角、京津冀和成渝地区等国家级区域规划，以及辽中南地区、关中城市群和中原城市群等区域性城市群规划。2009 年 10 月，云南省发展和改革委员会发布《滇中城市经济圈区域协调发展规划（2009—2020）》征求意见稿，2014 年 10 月修改为《滇中城市经济圈一体化发展总体规划》被省政府批准发布。2013 年 8 月，广东深莞惠三市党政主要领导第七次联席会议上通过《深莞惠区域协调发展总体规划（2012—2020）》。2015 年 3 月，中央财经领导小组第九次会议审议研究《京津冀协同发展规划纲要》。2016 年 4 月，新疆自治区人民政府批准实施《"奎—独—乌"区域城镇协调发展规划（2015—2030）》。此外，还有一些省区提出和制定了一系列地方性城市群的规划或区域协调发展规划。

《国家新型城镇化规划》要求建立和完善跨区域城市发展协调机制。以城市群为主要平台，推动跨区域城市间产业分工、基础设施、环境治理等协调联动。重点探索建立城市群管理协调模式，创新城市群要素市场管理机制，破除行政壁垒和垄断，促进生产要素自由流动和优化配置。建立城市群成本共担和利益共享机制，加快城市公共交通"一卡通"服务平台建设，推进跨区域互联互通，促进基础设施和公共服务设施共建共享，促进创新资源高效配置和开放共享，推动区域环境联防联控联治，实现城市群一体化发展。

《"十三五"规划纲要》指出：发展一批中心城市，强化区域服务功能。支持绿色城市、智慧城市、森林城市建设和城际基础设施互联互通。推进重点地区一体发展，培育壮大若干重点经济区。推进城乡发展一体化，开辟农村广阔发展空间；培育若干带动区域协同发展的增长极。推动京津冀协同发展，优化城市空间布局和产业结构，有序疏解北京非首都功能，推进交通一体化，扩大环境容量和生态空间，探索人口经济密集地区优化开发新模式。

参考文献

［1］白永亮、郭珊：《长江经济带经济实力的时空差异：沿线城市比较》，《改革》2005年第1期。

［2］蔡昉、都阳：《中国地区经济增长的趋同与差异》，《经济研究》2000年第10期。

［3］曹智杰、陈永宁：《推进长江经济带一体化建设的发展战略及对策研究》，《宏观经济研究》2000年第3期。

［4］长江流域发展研究院课题组：《长江经济带发展战略研究》，《华东师范大学学报》（哲学社会科学版）1998年第4期。

［5］陈栋生：《论区域协调发展》，《北京社会科学》2005年第2期。

［6］陈纪平：《经济影响，差异与收敛——长江上游地区城镇化进程分析》，《经济问题》2012年第5期。

［7］陈建军、章鋆、曹灿明：《基于现代化轨道交通条件下长江三角洲城市旅游一体化发展研究》，苏州大学出版社2014年版。

［8］陈建军：《长江三角洲地区产业结构与空间结构的演变》，《浙江大学学报》2007年第3期。

［9］陈南岳:《对大河流域应成为我国可持续发展研究的一个主战场的认识初探》,《社会科学家》2000 年第 1 期。

［10］陈文科:《长江经济带开放开发研究》，湖北人民出版社 2010 年版。

［11］陈雯、闫东升、孙伟:《长江三角洲新型城镇化发展问题与态势的判断》,《地理研究》2015 年第 3 期。

［12］陈晓云、蒋录全:《2006 长江三角洲城市经济协调发展报告》，上海三联书店 2007 年版。

［13］陈修颖:《长江经济带空间结构演化及重组》,《地理学报》2007 年第 12 期。

［14］陈修颖、陆林:《长江经济带空间结构形成基础及优化研究》,《经济地理》2004 年第 3 期。

［15］陈修颖、章旭健:《演化与重组：长江三角洲经济空间结构研究》，东南大学出版社 2007 年版。

［16］陈雁云:《中三角智慧城市群的发展战略研究》，江西人民出版社 2013 年版。

［17］陈耀:《推动我国区域协调发展的新思路》,《中国社会科学院院报》2006 年第 3 期。

［18］程维:《长江经济带舞动龙计划》,《西部时报》2005 年 12 月 6 日。

［19］程艳:《长江经济带物流产业联动发展研究》，华东师范大学博士学位论文 2013 年。

［20］丁晓强、陈先勇:《中部崛起是区域协调发展的坚实支撑》,《人民日报》2005 年 1 月 28 日。

［21］杜建国、陈永泰、姜宇华:《长三角区域非均衡发展演化及协调对策研究》，经济管理出版社 2011 年版。

［22］段进军:《长江经济带联动发展的战略思考》,《地域研究与开发》2005 年

第 1 期。

［23］范剑勇：《长三角一体化，地区专业化与制造业空间转移》，《管理世界》2004 年第 11 期。

［24］冯献、李宁辉、李瑾：《长江流域工业化，城镇化和农业现代化协调发展的作用机理及综合评价》，《现代城市研究》2014 年第 8 期。

［25］高万权：《发挥宜宾对长江经济带的重要作用》，《世界经济与政治》1994 年第 11 期。

［26］高耀松：《长三角对外开放30周年的发展历程与展望》，《国际贸易》2008 年第 11 期。

［27］龚胜生、张涛等：《长江中游城市群合作机制研究》，《中国软科学》2014 年第 1 期。

［28］龚勤林、孟庆红：《四川推进长江经济带可持续发展战略初探》，《理论与改革》1999 年第 2 期。

［29］国家发展改革委宏观经济研究院国土开发与地区经济研究所课题组：《区域经济发展的几个理论问题》，《宏观经济研究》2003 年第 12 期。

［30］韩佳：《长江三角洲区域经济一体化发展研究》，华东师范大学博士学位论文 2008 年。

［31］何伟军：《三峡物流中心建设与长江上游经济带的可持续发展》，中国社会科学出版社 2012 年版。

［32］胡鞍钢：《中国走向区域协调发展》，《决策与信息》2004 年第 12 期。

［33］胡宪昌：《抓住机遇，实现长江经济带经济协调发展的历史性飞跃》，《求实》1994 年第 2 期。

［34］湖北省战略规划办公室：《潮涌荆江——湖北长江经济带新一轮开放开发理论探索与实践》，湖北人民出版社 2014 年版。

［35］华东理工大学工商经济研究所课题组：《上海、南京、武汉、重庆在长江

经济带中的合作与分工》,《上海综合经济》1996 年第 6 期。

［36］黄泓:《长江经济带协调发展模式及机制创新》,《重庆工学院学报》(社会科学版)2007 年第 9 期。

［37］黄庆华、周志波、刘晗:《长江经济带产业结构演变及政策取向》,《经济理论与经济管理》2014 年第 6 期。

［38］黄志亮、饶光明、陈正伟:《长江上游地区经济一体化研究》, 科学出版社 2014 年版。

［39］黄志亮、饶光明、陈正伟等:《西部开发中长江上游地区区域创新战略研究》, 科学出版社 2011 年版。

［40］冀学金:《对长江经济带开放开发新格局战略思路的探索》,《湖北社会科学》1994 年第 3 期。

［41］姜涛:《长江经济带: 今后 15 年内最具潜力》,《新华每日电讯》2006 年 5 月 10 日。

［42］蒋千:《发挥长江航运优势　促进长江经济带发展》,《中国水运》2004 年第 12 期。

［43］蒋正华:《增强长江健康生命　保护长江黄金水道　发展长江经济带生产力》,《北京联合大学学报》(人文社会科学版)2008 年第 3 期。

［44］李春洋:《城市竞合研究——基于长江中游城市群的实证分析》, 武汉出版社 2013 年版。

［45］李翠军:《中、西部长江经济带在中心节点城市带动下实现崛起——兼论武汉在湖北长江经济带中的龙头带动作用》,《科技创业月刊》2010 年第 12 期。

［46］李靖、谷人旭:《长江经济带合作发展探讨》,《地理与地理信息学》2003 年第 1 期。

［47］李具恒:《广义梯度理论: 区域经济协调发展的新视角》,《社会科学研究》2004 年第 6 期。

[48] 李芃、魏荣华、孟庆红：《重庆城镇化动力机制分析》，《重庆交通大学学报》（社科版）2008年第2期。

[49] 李强、陈宇琳、刘精明：《中国城镇化"推进模式"研究》，《中国社会科学》2012年第7期。

[50] 李雪松、孙博文：《长江中游城市群区域一体化的测度与比较》，《长江流域资源与环境》2013年第8期。

[51] 李有恒：《武汉周边城市群与武汉经济区的关系》，《学习与实践》2002年第6期。

[52] 李桢业、金银花：《长江流域城市群经济带城市流——基于长江干流30城市外向型服务业统计数据的实证分析》，《社会科学研究》2006年第3期。

[53] 林凌：《共建成渝经济区培育中国经济新的增长极》，经济科学出版社2009年版。

[54] 林凌：《共建繁荣：成渝经济区面向未来的七大策略和行动计划》，经济科学出版社2005年版。

[55] 林毅夫、蔡昉、李周：《中国经济转型时期的地区差距分析》，《经济研究》1998年第6期。

[56] 林毅夫、刘培林：《中国的经济发展战略与地区收入差距》，《经济研究》2003年第3期。

[57] 刘传江、吕力：《长江三角洲地区产业结构趋同、制造业空间扩散与区域经济发展》，《管理世界》2005年第4期。

[58] 刘东林、岳秀莲：《西部开发与长江经济带建设协调发展》，《济宁师专学报》2000年第5期。

[59] 刘慧、叶尔肯·吾扎提、王成龙：《"一带一路"战略对中国国土开发空间格局的影响》，《地理科学进展》2015年第5期。

[60] 刘妙龙、黄坤赤：《武汉—九江城市集聚带发展与长江经济带中段开发》，

《长江流域资源与环境》1997年第3期。

[61] 刘启明:《试论中心城市群在城市经济区中的若干问题》,《经济科学》1986年第2期。

[62] 刘世庆、贾玫:《成渝经济区对外开放战略的新思维》,《重庆工商大学学报》2008年第6期。

[63] 刘伟、赵培红:《"长三角"经济圈与长江上游经济带的区域合作——基于产业转移与承接的角度》,《长春大学学报》2009年第1期。

[64] 刘醒夫:《谈长江经济带协调发展》,《长江论坛》1994年第6期。

[65] 刘艳萍:《对外开放,产权结构与TFP增长的实证测度——机遇长三角制造业的分析》,《求索》2009年第9期。

[66] 刘志彪:《长三角区域经济一体化》,中国人民大学出版社2010年版。

[67] 刘志彪、郑江淮等:《均衡中国:长三角发展新模式》,中国人民大学出版社2014年版。

[68] 刘志彪、郑江淮等:《长三角转型升级研究》,中国人民大学出版社2012年版。

[69] 刘志纯:《长江经济带湖北区段开放开发方略》,《中南财经大学学报》1994年第3期。

[70] 隆雁翔:《长江经济带中部人口与土地城镇化协调发展研究》,《经济论坛》2014年第18期。

[71] 陆心贤:《分工合作,发挥区域总体优势,长江经济带共同发展问题》,华东师范大学出版社1996年版。

[72] 马洪:《长江经济带:最有希望的经济增长区》,《湖南经济》1994年第5期。

[73] 罗蓉:《长江经济带产业协调发展研究》,《开发研究》2007年第2期。

[74] 罗开忠、胡先春:《加快成渝经济走廊开发 提高对外开放水平》,《经济

体制改革》1994 年第 4 期。

[75] 罗小龙:《长江三角洲地区的城市合作与管治》，商务印书馆 2011 年版。

[76] 马智利等:《长江经济带经济开放度评析》,《对外经贸实务》2005 年第 6 期。

[77] 苗建军:《城市群利益冲突的理论与实证研究》，经济管理出版社 2014 年版。

[78] 苗丽娜:《长江经济带：行政区划 VS 流域一体》,《上海城市管理职业技术学院学报》2004 年第 3 期。

[79] 宁越敏、李健:《泛长三角地区城镇化的机制，模式与战略》,《南京社会科学》2009 年第 5 期。

[80] 牛勤:《区域经济增长论：达州打造成渝经济区增长极研究》，光明日报出版社 2012 年版。

[81] 潘熙宁:《长江流域开放方略》,《上海经济研究》1993 年第 7 期。

[82] 彭佳佳、邱飞:《长江经济带四大城市群集聚情况考察》,《经济视角》(下) 2010 年第 3 期。

[83] 彭劲松:《长江经济带大都市圈发展格局与竞争力分析》,《重庆工商大学学报(西部论坛)》2009 年第 1 期。

[84] 彭劲松:《长江上游经济带产业结构调整与布局研究》,《上海经济研究》2005 年第 4 期。

[85] 彭智敏、周睿全、白洁:《长江中游城市群产业合作研究》，湖北人民出版社 2013 年版。

[86] 钱纳里:《工业化和经济增长的比较研究》，上海三联出版社 1995 年版。

[87] 秦月、秦可德、徐长乐:《流域经济与海洋经济联动发展研究——以长江经济带为例》,《长江流域资源与环境》2013 年第 11 期。

[88] 秦尊文:《长江经济带规划与研究》，湖北人民出版社 2015 年版。

[89] 秦尊文:《长江中游经济区的建立与发展》,《江汉论坛》2003 年第 12 期。

［90］秦尊文：《打造中国经济增长第四极：2013 长江中游城市群建设研讨会文集》，湖北人民出版社 2014 年版。

［91］秦尊文：《第四增长极：崛起的长江中游城市群》，社会科学文献出版社 2012 年版。

［92］秦尊文：《第四极“争霸”重在外竞内合》，《中国经营报》2013 年 4 月 15 日。

［93］秦尊文：《湖北长江经济带新一轮开放开发》，湖北人民出版社 2010 年版。

［94］秦尊文：《湖北长江经济带凸显国家发展战略》，《中国社会科学报》2010 年 4 月 15 日。

［95］秦尊文：《三大城市群串联长江经济带》，《瞭望》2014 年第 36 期。

［96］秦尊文：《推进生态长江、文化长江、经济长江建设》，《湖北日报》2016 年 2 月 26 日。

［97］秦尊文：《中三角蓝皮书：长江中游城市群发展报告（2013—2014）》，社会科学文献出版社 2014 年版。

［98］秦尊文：《中三角蓝皮书：长江中游城市群发展报告（2015）》，社会科学文献出版社 2015 年版。

［99］秦尊文：《重点打造五大世界级产业集群》，《光明日报》2016 年 4 月 23 日。

［100］邱风、张国平、郑恒：《对长三角地区产业结构问题的再认识》，《中国工业经济》2005 年第 4 期。

［101］邱婧、涂建军、王素芳、张红梅、邓聪：《长江经济带中心城市经济发展差异及协调机制研究》，《国土与自然资源研究》2010 年第 1 期。

［102］权衡：《中国区域经济发展战略理论研究述评》，《中国社会科学》1997 年第 6 期。

［103］任真、冯俊：《长三角的未来：机遇与挑战》，人民出版社 2011 年版。

［104］上海财经大学区域经济研究中心：《2006 中国区域经济发展报告——长

江经济带区域统筹发展及“黄金水道”建设》，上海财经大学出版社 2006 年版。

[105] 沈能：《区域经济增长的动态趋同性——基于“长三角”地区的实证分析》，《财经科学》2005 年第 5 期。

[106] 沈玉芳、罗余红：《长江经济带东中西部地区经济发展不平衡的现状、问题及对策研究》，《世界地理研究》2000 年第 6 期。

[107] 沈玉芳：《区域经济协调发展的理论与实践：以上海和长江流域地区为例》，科学出版社 2009 年版。

[108] 沈玉芳：《长江经济带投资、发展和合作》，华东师范大学出版社 2003 年版。

[109] 沈玉芳、张婧：《经济快速增长背景下长江经济带、DP 与“三废”排量响应关系分析》，《创新》2010 年第 4 期。

[110] 沈玉芳：《长江沿江主要城市投资环境评价及其产业布局拓展的方向》，《经济地理》1999 年第 3 期。

[111] 沈玉芳：《长江经济带高新技术开发区协同发展研究》，《学习与实践》2007 年第 8 期。

[112] 石忆邵：《沪苏浙经济发展的趋异性特征及区域经济一体化》，《中国工业经济》2002 年第 9 期。

[113] 史晋川、谢瑞平：《区域经济发展模式与经济制度变迁》，《学习月刊》2002 年第 5 期。

[114] 孙超英：《成渝经济区区域创新体系建设研究》，西南财经大学出版社 2012 年版。

[115] 孙继琼、杨明洪：《“成渝经济区”：中国经济增长第五极》，四川大学出版社 2008 年版。

[116] 孙泾：《长江经济带的开放开发与湖南经济发展的研究》，《湘潭大学学报》1995 年第 6 期。

[117] 孙尚清:《长江经济研究——综合开发长江的构想》，中国发展出版社 1996 年版。

[118] 孙尚清:《关于建设长江经济带的若干基本构思》,《管理世界》1994 年第 1 期。

[119] 孙尚志、李利锋:《论长江干流地区经济协调发展》,《经济地理》1997 年第 3 期。

[120] 唐路元:《长江经济带中西部地区合作问题研究》,《重庆工商大学学报(西部论坛)》2006 年第 2 期。

[121] 唐壬艺、何林:《长江经济带城市化发展水平综合评价——以长江经济带 6 个中心城市为例》,《时代金融》2013 年第 18 期。

[122] 唐亚林:《长江三角洲区域治理的理论与实践》，复旦大学出版社 2014 年版。

[123] 田代贵:《长江上游经济带协调发展研究》，重庆出版社 2006 年版。

[124] 王波:《推动长江经济带新型城镇化发展研究》，四川省社会科学院硕士学位论文 2014 年。

[125] 王合生、崔树强:《长江经济带跨世纪发展的定位与思路》,《经济地理》1999 年第 4 期。

[126] 王合生、虞孝感:《长江经济带发展中若干问题探讨》,《地理学与国土研究》1998 年第 5 期。

[127] 王合生、虞孝感:《长江沿江地区发展差异及对策》,《经济地理》1997 年第 3 期。

[128] 王茂林:《把长江经济带建成 21 世纪发展中国生产力强大的战略基地》,《生产力研究》2005 年第 12 期。

[129] 王茂林:《聚焦长江经济带》,《中国报道》2006 年第 11 期。

[130] 王琼:《湖北长江经济带开放开发融资模式设计——大河(海)流域开发

融资模式的分析和借鉴》,《当代经济》2012 年第 21 期。

［131］王如渊:《成渝经济区发展研究:基于城市与产业的视角》,商务印书馆 2015 年版。

［132］王绫、陈国先:《从长江黄金水道到长江经济带——关于建设长江经济带的思考》,《西华大学学报》(哲学社会科学版)2007 年第 5 期。

［133］王兴:《长江三角洲经济开放度研究》,上海海事大学硕士学位论文 2004 年。

［134］王兴昌:《优势互补联动发展——谈长江经济带建设和发展的战略措施》,湖北社会科学 1997 年第 6 期。

［135］王战:《长江经济带与中国“一带一路”发展战略研究》,上海辞书出版社 2015 年版。

［136］王振、宗传宏:《长三角地区经济转型升级的探索实践》,上海社会科学院出版社 2014 年版。

［137］魏洪斌、吴克宁:《长江经济带成渝城市群城镇化协调发展研究》,《中国发展》2015 年第 1 期。

［138］魏后凯:《区域经济发展的新格局》,云南人民出版社 1995 年版。

［139］魏后凯:《引导沿海产业向中西部转移是统筹区域发展的重要举措》,《人民日报》2006 年 2 月 25 日。

［140］温如春:《中三角产业发展战略研究》,湖北人民出版社 2013 年版。

［141］巫强等:《扩大内需条件下长三角提高对外开放水平的新战略选择》,《上海经济研究》2011 年第 10 期。

［142］吴传清、董旭:《长江经济带工业全要素生产率分析》,《武汉大学学报》(哲学社会科学版)2014 年第 7 期。

［143］吴殿廷:《区域经济学》,科学出版社 2003 年版。

［144］吴志军:《长江中游城市群协调发展及合作路径》,《经济地理》2015 年第 3 期。

［145］伍新木、杨莹:《建设城市圈实现长江经济带跨越式发展》,《长江建设》2004 年第 1 期。

［146］伍新木:《应将长江经济带的发展上升为国家战略》,《长江流域资源与环境》2010 年第 10 期。

［147］向云波、彭秀芬、徐长乐:《上海与长江经济带经济联系研究》,《长江流域资源与环境》2009 年第 6 期。

［148］肖红叶、王健:《长江三角洲——长江经济带区域竞争力研究——基于 IMD 国际竞争力评价的经验分析》,《统计研究》2006 年第 7 期。

［149］肖金成、黄征学:《长江经济带城镇化的重点任务》,《宏观经济管理》2015 年第 4 期。

［150］辛文:《从整体上研究长江经济带的开发与发展》,《天府新论》2001 年第 1 期。

［151］熊吉峰:《湖北与浙江农村城镇化动力机制比较》,《决策参考》2008 年第 7 期。

［152］徐建军、汪浩瀚:《新开放条件下外资，外贸与长三角区域经济增长关系研究》,《国际贸易问题》2007 年第 8 期。

［153］徐现祥、李郇:《市场一体化与区域协调发展》,《经济研究》2005 年第 12 期。

［154］徐现祥、舒元:《协调发展：一个新的分析框架》,《管理世界》2005 年第 2 期。

［155］徐昕:《探析长三角开放型经济体系构建路径》，中国海洋大学硕士学位论文 2009 年。

［156］徐长乐、殷为华:《“推进长江战略”实现长江经济带统筹发展》,《中国城市经济》2004 年第 1 期。

［157］徐长乐、朱元秀:《长江三角洲城市群转型发展研究》，上海人民出版社

2013 年版。

［158］徐长乐：《建设长江经济带的产业分工与合作》，《改革》2014 年第 6 期。

［159］杨国胜：《长江三峡重庆库区城镇化与生态协调性评析》，《资源开发与市场》2007 年第 10 期。

［160］姚锡棠：《长江流域经济发展论》，上海社会科学院出版社 1996 年版。

［161］殷醒民：《论长江三角洲城市圈的产业分工模式》，《复旦学报》2006 年第 2 期。

［162］于玲：《皖江城市带开放型经济测度与发展对策研究》，安徽大学硕士学位论文 2010 年。

［163］余丽霞：《金融产业集群对区域经济增长的效应研究：以成渝经济区建设为例》，科学出版社 2014 年版。

［164］俞惠煜、廖明、唐亚林：《长三角经济社会协同发展与区域治理体系优化》，复旦大学出版社 2014 年版。

［165］俞荣根、罗锐华：《建设长江经济带 促进西部大开发》，《重庆大学学报》（社会科学版）2000 年第 4 期。

［166］虞孝感、王合生、崔大树：《长江经济带发展的态势分析》，《长江流域资源与环境》1999 年第 9 期。

［167］郁鸿胜：《中国经济引擎：长三角城市综合竞争力发展报告》，格致出版社、上海人民出版社 2012 年版。

［168］郁鸿胜：《长江经济带新型城镇化的发展思考》，《上海企业》2014 年第 12 期。

［169］袁安贵：《成渝城市群经济空间发展研究》，西南财经政法大学博士学位论文 2008 年。

［170］曾刚：《长江经济带协同发展的基础与谋略》，经济科学出版社 2014 年版。

[171] 曾光:《长三角经济增长的收敛性研究》,复旦大学博士学位论文 2006 年版。

[172] 曾坤生:《论区域经济动态协调发展》,《中国软科学》2000 年第 4 期。

[173] 张敦富、覃成林:《中国区域经济差异与协调发展》,中国轻工业出版社 2001 年版。

[174] 张颢瀚:《长江三角洲一体化进程研究:发展现状,障碍与趋势》,社会科学文献出版社 2007 年版。

[175] 张建国:《21 世纪长江经济带发展战略》,《城市发展研究》1997 年第 5 期。

[176] 张金锁、康凯:《区域经济学》,天津大学出版社 1998 年版。

[177] 张鹏、贺荣伟:《长江经济带城市群建设与流域经济发展研究》,《重庆大学学报》(社会科学版)1998 年第 4 期。

[178] 张荣天、焦华富:《长江三角洲地区城镇化效率测度及空间关联格局分析》,《地理科学》2014 年第 4 期。

[179] 张思平:《流域经济学》,湖北人民出版社 1987 年版。

[180] 张思平、白康斌等:《长江经济开发战略》,湖北人民出版社 1989 年版。

[181] 张炜:《长江经济带建设与成都经济发展》,《长江论坛》1998 年第 5 期。

[182] 张学良、陈炳辉:《长江经济带水运发展问题与对策》,《综合运输》2006 年第 5 期。

[183] 张学恕:《长江经济带:未来中国经济发展的脊梁》,《长江论坛》1997 年第 6 期。

[184] 张岩:《区域一体化背景下的长江三角洲地区城镇化发展机制与路径研究》,华东师范大学博士学位论文 2012 年。

[185] 张子云、于武、杨柏:《横向布局中国》,上海人民出版社 2007 年版。

[186] 翟立功:《中国长江经济带》,中国统计出版社 2001 年版。

[187] 赵琳、徐廷廷、徐长乐:《长江经济带经济演进的时空分析》,《长江流域资源与环境》2013 年第 7 期。

[188] 郑江淮、高彦彦等:《一体化与平等化:长三角城乡互动工农互促的协调发展道路》,经济科学出版社 2012 年版。

[189] 中国港口编辑部:《打造长江经济带的四大问题》,《中国港口》2014 年第 10 期。

[190] 周婷:《长江上游经济带与生态屏障共建研究》,经济科学出版社 2008 年版。

[191] 周肇光:《谁来推进长三角区域城市经济协调发展与服务》,安徽大学出版社 2013 年版。

[192] 朱农:《长江地区城镇化发展的区域差异及其决定因素分析》,《长江流域资源与环境》2000 年第 5 期。

[193] 朱英明、姚士谋:《农村人口转化:长江经济带经济发展之关键》,《中国软科学》1999 年第 6 期。

[194] 邹贤启:《风起中三角》,湖北人民出版社 2012 年版。

后 记

2015年，“长江经济带重大战略研究”被列为中央宣传部马克思主义理论研究和建设工程重大项目，同时也被列入国家社科基金重大项目，批准号为2015MZD041。“长江经济带城市群战略研究”是其子课题之一，由中国城市经济学会副会长、湖北省社会科学院副院长、长江中游城市群研究中心主任秦尊文研究员主持。参加课题研究的有湖北省社会科学院长江流域经济研究所所长、长江中游城市群研究中心副主任彭智敏，财贸研究所副所长、长江中游城市群研究中心副主任路洪卫，长江流域经济研究所副研究员白洁和助理研究员张宁、陈丽媛、汤鹏飞等，湖北省社会科学院区域经济学硕士研究生胡敏捷、李珂、黄展等。课题于2017年4月完成。本书是在课题研究报告的基础上扩充而成，将结构和内容作了较大调整，并根据党的十九大精神进行了修改。通篇由秦尊文主撰，路洪卫参加了第六章的撰写，胡敏捷参加了第一章第二节、第二章、第七章第二节和附录的撰写。胡敏捷、李珂、黄展、余舒品等研究生还参与了前期资料搜集、数据整理和后期文字校对等工作。汤鹏飞博士参与了本书的部分制图。

湖北省社会科学院早在1985年就抽调科研人员筹建长江流域经济研究所专门研究长江经济带并独立办公，1987年获省编办批准正式成立，迄今已逾30年。长江流域经济研究所几代人对长江经济带作了不间断的研究，曾参加湖北省和国家有关部委关于长江经济带、长江中游城市群、汉江生态经济带等文件和规划的起草工作。感谢中央宣传部理论局、上海市委宣传部、湖北省委宣传部对湖北省社会科学院的重视，使得作为全国最早研究长江经济带的科研机构能够参与“长江经济带重大战略研究”。课题主要承担单位上海社会科学院做了大量组织和协调工作，在此表示感谢。也感谢其他课题参与单位——四川省社会科学院、重庆社会科学院和南通大学的专家学者给予了全力配合，包括对本书初稿提出了许多建设性的意见。在课题调研和写作过程中，还得到了水利部长江水利委员会、交通运输部长江航务管理局、云南省社会科学院、湖南省社会科学院、江西省社会科学院、江苏省社会科学院等单位以及相关高校的大力支持，在此一并深表谢意！

作者

2017 年 12 月 21 日

图书在版编目(CIP)数据

长江经济带城市群战略研究/秦尊文等著. —上海：
上海人民出版社，2018
（长江经济带重大战略研究丛书）
ISBN 978-7-208-15082-9

Ⅰ. ①长… Ⅱ. ①秦… Ⅲ. ①长江经济带-城市群-
发展战略-研究 Ⅳ. ①F299.275

中国版本图书馆 CIP 数据核字(2018)第 062123 号

责任编辑 罗 俊
封面设计 零创意文化

审图号 GS(2018)2044 号

长江经济带重大战略研究丛书
长江经济带城市群战略研究
秦尊文 等著

出　　版 上海人民出版社
（200001 上海福建中路 193 号）
发　　行 上海人民出版社发行中心
印　　刷 江苏凤凰数码印务有限公司
开　　本 720×1000 1/16
印　　张 13.75
插　　页 2
字　　数 199,000
版　　次 2018 年 4 月第 1 版
印　　次 2018 年 11 月第 2 次印刷
ISBN 978-7-208-15082-9/F·2526
定　　价 42.00 元